榜样中国 Ⅵ

—— 一部值得尊重的企业家奋斗史

中国文化信息协会 编

中国商务出版社

图书在版编目（CIP）数据

榜样中国．Ⅵ，一部值得尊重的企业家奋斗史 / 中
国文化信息协会编 . -- 北京：中国商务出版社，2018.2
　　ISBN 978-7-5103-2299-0

　　Ⅰ . ①榜… Ⅱ . ①中… Ⅲ . ①企业家－生平事迹－中
国－现代 Ⅳ . ① K825.38

中国版本图书馆 CIP 数据核字（2018）第 027882 号

榜样中国Ⅵ，一部值得尊重的企业家奋斗史
BANGYANG ZHONGGUO Ⅵ , YIBU ZHIDE ZUNZHONG DE QIYEJIA FENDOUSHI

中国文化信息协会 编

出　　版：中国商务出版社
地　　址：北京市东城区安定门外大街东后巷 28 号　邮编：100710
责任部门：职业教育事业部（010-64218072 295402859@qq.com ）
责任编辑：周青

总 发 行：中国商务出版社发行部 （010-64208388 64515150）
网　　址：http://www.cctpress.com
邮　　箱：cctp@cctpress.com

排　　版：皓月
印　　刷：北京虎彩文化传播有限公司
开　　本：710毫米 × 1000毫米 1/16
印　　张：10　　　　　　　　　字　　数：220千字
版　　次：2018 年 2 月第 1 版　　印　　次：2021 年 3 月第 2 次印刷
书　　号：ISBN 978-7-5103-2299-0
定　　价：45.00元

目录 CONTENTS

退伍军人的自主创业梦

——访优秀退伍军人、秦皇岛曙东商贸有限公司创始人吴朝刚

在中国这片拥有五千年灿烂文明的土地上,有这样一批人,他们无论是在战火纷飞的年代还是在和平笼罩的岁月里,始终用铮铮铁骨书写着人生不变的信仰,他们是祖国最可爱的人——军人。说起"军人"它不仅仅是一个神圣的名字,更是中华民族勤劳勇敢、吃苦耐劳、乐于奉献、聪明机智、不怕困难等美好品德的代名词。

如果说在战火纷飞的峥嵘岁月里奋勇杀敌、固守城池是军人价值的最好体现,那么在和平年代里奉献社会、造福人民则是军人生活最真实的写照。

穿上军装,他们将祖国的嘱托、人民的安危牢记在心;脱下军装,他们依然凭借"敢为人先"的精神从事不同行业的工作,在祖国的建设事业中起着举足轻重的作用。

吴朝刚,即是众多退伍军人中的一员。他走出一条属于自己的创业路,在看似平凡的就业之路上书写出自主创业的传奇故事。

难忘的军旅生涯与就业抉择

正如一首歌唱的那样:"年少轻狂的我们怀揣理想,一心只想飞向远方……"20 世纪 90 年代,中国处于飞速发展的新时期。1998 年 12 月吴朝刚和许

多有志青年一样,怀揣着报效国家的青春梦想毅然加入"蓝色"方阵,成为一名光荣的中国人民解放军海军战士。

入伍后,吴朝刚认真学习,努力提高自身的军人素养。除一些日常训练之外,他还学习了烹饪技术,曾拿到烹饪二级证书,之后他从事后勤管理工作。无论在哪个岗位上他都是爱一行、钻一行、精一行。他很快成长为单位的标兵,并多次获得优秀士兵、通报嘉奖等荣誉。十多年的军旅生涯改变了曾经那个桀骜不驯的自己,造就了一名优秀的解放军战士。入伍 16 年来,吴朝刚树立起"忠诚于党、热爱人民、报效祖国、献身使命、崇尚荣誉"的当代军人核心价值观,更培养了自己专注严谨的态度,为以后的自主创业之路打下了坚实的基础。

铁打的营盘流水的兵。2014 年 11 月,吴朝刚服役期满,即将告别生活和工作了 16 年的军营。"黄色的树林里分出两条路,可惜我不能同时去涉足。"而立之年的吴朝刚此刻面临着艰难的选择:是选择回家去创业当老板还是选择转业安置到单位拿固定工资,他纠结了很长时间。这时民政局也传来通知,他被安置到市城管局。不少部队的老战友好心劝导他:"你现在年龄也不小了,跟年轻人比不了,还是选择政府指令性的安置吧,拿点固定工资稳当些!"

面对专业安置和自主创业,吴朝刚却有着自己的想法,现在就业压力越来越大,形势越来越严峻,与其选择政府安置倒不如选择自主创业,这样既可以为自己寻找出路又能减轻政府安置的压力。"也许多少年后在某个地方我将轻声叹息回顾往事:一片树林里分出两条路——而我选择了人迹更少的一条,从此决定了我一生的道路。"吴朝刚从不后悔已做出的决定,哪怕是失败了。

要想取得成功,丰富的人生经历积累和判断力的积累是必不可少的。当时对社会大环境有独到见解的吴朝刚远赴北京学习新思想、新知识。2015 年 7月,通过参加市民政局组织的创业培训班和退役士兵专场招聘会,他了解到国家正在大力倡导"大众创业,万众创新"和互联网发展战略。经过多方考察,吴朝刚初步确定了自己的创业目标。他果断向市民政局递交了自谋职业的申请,并表示已经确定了创业目标,希望能够早点拿到退役士兵自谋职业证书和一次性经济补助金,以便办理创业的各种手续。

运营的模式创新与原则坚守

创业之初,他以一颗商业头脑采用"众筹"的模式,邀请各行业50多名志同道合的创业者加入,其中有卖化妆品的、有开饭店的,这其中一小部分是他的朋友。很快吴朝刚便筹集到1000万元创业启动资金,这使他的创业蓝图由理想变为了现实。

为了让超市赶在元旦、春节的销售旺季开业,他再一次体现出军人雷厉风行的优良作风,提出了"大干一百天,必保元旦开业"的目标。50多位股东的1000万元创业启动资金,经过99天的准备后造就了一个新兴企业。2017年1月7日,一个占地面积7400㎡、涵盖数万种商品的大型超市——曙东购物广场(麦点商城河北省旗舰店)诞生在秦皇岛市的繁华路段。

在互联网＋的企业发展思潮引领下,吴朝刚与互联网营销的巨头麦点商城合作,打造麦点商城河北省旗舰店,产品销售渠道采用传统方式与互联网相结合的方式在线上线下同时进行。只要消费者合理消费就正常赠送积分。他把"礼貌待客,顾客至上,诚信为本"和让消费者"乘兴而来,满意而去"作为经营理念,同时在公司内部采用分权管理,在听取他人的意见后从中择优而行。

经商必不可少的是要有一颗商业头脑,然而拥有一颗商业头脑的基础就是坚守内心的原则。采访中吴朝刚反复说,"经商没有捷径可走,必须一步一个脚印。"或许是十多年的军旅生涯锻炼了他的处事风格和态度,商业浪潮中的吴朝刚凭借踏实肯干的精神和不懈的坚持与坚守换来了事业的成功和卓越,也换来了秦皇岛曙东商贸有限公司的做大做强。

吴朝刚认为,经商最重要的就是"诚信"二字。在行业竞争越来越激烈,尤其是电商发展如火如荼的今天,诚信的待客之道显得更为重要。因此与同行相比,秦皇岛曙东商贸有限公司产品的核心竞争力即是实惠价低。一方面面对不同的消费人群曙东商贸公司的会员量大、积分通用,另一方面吴朝刚在经营中采取"价格自动跟进"的原则,即同行公司降价自家公司也会降价,目的是惠及当地老百姓。因此吴朝刚创办的秦皇岛曙东商贸有限公司在业界赢得了良好的口碑。

创业面临最多的问题当然是资金。吴朝刚说,"创业并非是轻而易举、一蹴而就的事情。在创业的过程中无论遇到什么样的问题,他会寻求朋友和战友的帮助,但他从来都不会躲,从来都不会逃避,他内心始终铭记着作为一名军人的操守。"

正是因为吴朝刚坚守的这些经商原则,才使得120多位员工们以踏实肯干的工作态度为这个刚刚成立的公司努力付出。对很多公司来说,招人、用人、留人是非常难的一件事,尤其是在留人方面,在人才的培养与管理方面,吴朝刚用朴实的话语说道,"我从不认为自己是多大的老板,更不会对任何一个人产生高低不同的看法,经营过程中我也有很多不懂的地方,依然在学习。"

永远的军人情结与赤子之心

在创业的道路上,让吴朝刚矢志不渝勇往直前的是他有一颗赤诚的感恩之心。他说,"自己陪伴家人的时间很少,或许是心里怀着对家人的愧疚吧,只要自己一有放弃的念头就会想到家人,觉得应该给家人一个交代。"同样面对50多位不同行业的股东,他现在最大的愿望就是把公司经营好,给这些股东一个交代。

在部队的16年里,他和战友建立起来的兄弟情是最难忘的。在最困难的时候,昔日的战友会无私地接济他,所有的帮助他都会化作一颗赤诚的感恩之心。因此尽管脱下军装但他不忘回馈军营,他感恩部队对自己的培养。他在自己创业的同时还大量吸纳退伍军人、军人家属。在目前现有的70多名员工中,退伍军人8人、军属6人,实实在在地为他们解决了就业问题。在此基础上超市还安置了3名下岗工人就业,这3类人员比同岗位的其他人员工资上浮5%。吴朝刚不仅实现了自己的创业梦,更缓解了社会就业压力。

吴朝刚说,"今后我会一如既往地奉献社会,让退伍不褪色的优良传统更好地服务社会,用自己的创业经验带动更多的退役士兵自主创业……就像歌里唱的那样——我们穿上军装那一刻,有了同一种肤色……"

人们常说创业是一门艺术。在短短的几个月时间里吴朝刚凭着对市场发展潮流和趋势的洞察力,让曙东商贸有限公司屹立在秦皇岛的繁华路段,创造了退伍军人自主创业的传奇故事,为退役士兵做出了榜样。所谓创业就是最好的就业,这句话在吴朝刚身上得到了完美的体现。

在现代社会就业难的大潮流之下,吴朝刚以自己作比:"对军人而言要有所为有所不为。我今后无论走什么样的道路都不会忘了自己是穿过军装的人,不管是从事哪一行都会以热诚认真的态度去对待。"吴朝刚的亲身经历给当代有志青年提供了良好的典范,在择业和创业的路上,一定要时刻坚守自己内心的原则,在当今时代高速发展之下回报社会、造福人民,从而实现个人价值。

(张 颖)

让"主题地产"闪耀人性光辉

——访泽远中国控股集团董事长蔡康

泽远中国控股集团是中国首个以"推动房地产升级,打造城市名片"为使命,并亲历实践的企业。泽远中国致力于"推动中国新型城镇化升级"为企业使命,打造主题性房地产业新模式。目前已在国内100多个主要城市拓展业务,成为中国最权威的主题地产的发起者和领导者。

一个成功的企业背后一定有一位优秀的企业家;企业的成长史,也正是企业家的奋斗史;企业的文化基因也必然刻印着企业家精神的烙印。泽远中国的掌门人蔡康让我们看到了大器睿智、逆流而上的企业家精神。让我们走近他,来领略这位优秀企业家的风采。

学生时代 结缘"地产"

1982年出生的蔡康还处在年轻人的阶段。也许是经历了十几年的艰苦创业历程,他显示出比同龄人更多的成熟与稳健。他给笔者的印象是,年轻帅气,焕发光芒,充满自信,充满激情。一双明亮的眼睛里,幽暗深邃的明眸散发出一种与生俱来的坚毅,和他一接触,就感觉到他身上有一种企业家的气场。访谈是从他的学生时代开始。

当笔者问他是怎么结缘地产的,他回想了一下,若有所思地说:"也许是骨子里有徽商的基因,对商机特别敏感。还是上大学的时候,我就发现,学区房是一个可以利用的商业机会。每当考研时,有很多学生从不同的地方过来,复习功课,还有不少家庭经济条件不错的学生,不愿意住学校的集体宿舍,于是就在外边租房居住。那时候互联网还不发达,人们的广告意识也不强,尤其是学校周边教授、老师家有空房也不好意思直接向学生出租。我就四处打听,哪个老师有空房愿意出租,哪个学生想找房子居住。我把教授、老师的空置房子先租过来,再整理分割出床位,租给考研的、想有个安静环境的学生。这个生意一度做得还不错,解决了自己的学费和生活费,当时很有成就感。但是,那时我不懂得什么叫企业管理,就是拉一帮同学或朋友来帮忙干点活,给点费用,也谈不上什么规范,更多靠的是情感维系。有的学生帮助干活,在这儿住就不收房租了。但是,慢慢地就不行了,比如报酬给多给少,房租低了高了,有的不注意用电安全,引起火灾隐患。由于没有专业分工,水电坏了修理也不及时。这样,就有人投诉了,也有人要求退房。经过几次波折,把我折腾得不轻。这时我就痛定思痛,感到不能这么搞,搞企业,首先要懂得企业管理,管理不规范,早晚要出事。但是,那时我还是个学生,不可能经历过系统的管理学习和在实际工作中的长期历练,所以,这一段时间我一直处于迷茫状态,是跌跌撞撞向前走。严格地说,这不叫什么地产,只能算是房屋中介,但也算是和地产沾点边吧。虽说是受到过挫折,但有一点,就是创业的激情始终没有熄灭。我是个做事执着的人,我一直在思考,要到企业去,看看人家是怎么搞管理的,把企业做那么大那么强。毕业后,我就做了职业经理人,到了北京的一家房地产企业做销售。后来到了国企,开始了接触商业地产的招商和运营,有了几年的经验和经验,我就再升级一步,到了咨询企业,这是一家外企,到了真正专业操作房地产的公司,可以说经历了私企、国企和外企,都是在房地产领域历练。后来觉得差不多了,学到了房地产企业的运营和管理方法,最重要的是找到了觉得自己可以干的事情。后来就和几个伙伴成立了自己的公司,叫恒城泽远北京投资管理有限公司,这就是泽远中国的前身,我记得那是在 2009 年。后来合伙人之间出现了分歧,在理念上、管理上想的不同,最后导致不欢而散。"

这时笔者问道,这段经历对他以后的道路有什么影响? 他说:"这段经历有经验也有教训,对我的后期影响很大。我觉得搞企业必须团队作战,现在讲究合伙人机制,但是当时合伙人的选择、合伙人的机制都不成熟,后来那家公司吊销了,我就独立出来,扛着这面大旗一直走到现在。我现在有了经验积累,融入了更好的合伙人,建立了好的合作机制,才得以顺利走下去。回想起来,学生时期没有资金,没有技术,也不知道财务上的计划和把控,既尝过甜头,也遇过挫折,到后来合伙人的分离,才知道找到真正志同道合的人一起做事情是不容易的。"

当笔者问道,遭受到挫折后是怎么坚持下来时,他说:"我感到我最宝贵的财富是一直保持着对市场的洞悉,对事业的坚持和执着的心态。人一生必须做有意义的事情,做自己感兴趣的事,而且研究出自己可以立足的模式和突破口,为此而去战斗,就一定能成功。这也是我总结的一个小经验。"

执着、坚韧、不放弃,我想这是所有优秀企业家的一个共同特质吧。

创业艰难 饱经历练

当笔者问蔡康创业时遇到的困难时,这个刚强的汉子脸上显露出复杂的表情,他说了这样一句话,"那叫扒一层皮。"看得出,这一句话,饱含了他内心多少酸甜苦辣和不堪回首。有这样一句名言,"没有人能随随便便成功。"从蔡康身上可以感受到,不要说随便随便,受罪少了都不能成功。

也许是经受的磨难太多,回忆起来太痛苦,他不愿意谈太多的具体事,只是笑了笑说,那都是过去的事了,他只提到,那时他才 20 多岁,每天只睡三五个小时,时刻保持兴奋状态,人兴奋的时候才会有灵感和智慧。的确,发财的机会有时就在眼前,但普通人看不到,而有心就能看到,这就是商业灵感,不能不说敏锐度是一种天赋,而创业者的敏锐度都该是极强的。他提到,正因为那时时刻保持紧张,每天都要吃三种药,第一个是解酒药,因为要应酬;第二个是安眠药,因为每天晚上睡不着;第三个他自己都忘了,因为痛苦的不想回忆了。

改革开放的30年,中国人还走在脱贫路上,创业很多是生存型而非规划型的;创业之后又有太多的市场机会和太多的非商业泥潭,创业家要同时驾驭市场不确定性与政策环境不确定性,创业史往往是艰难的奋斗史。

当笔者问道,是什么力量支撑着他走过来时,他说:"作为一个创业者,十几年来走过了一个个的风风雨雨,对我来说,房地产是我所喜欢的领域,也是较擅长的领域,但是创业比我想象的还要困难得多。"他又说:"创业初期,没有资金,没有经验,没有业务人脉,面临着业务开拓受阻,房租增长、员工工资发不出来等重重困难,巨大压力让我感觉到了孤独和惶恐。然后我就告诉自己'阳光总在风雨后'。于是,我还是会像偏执狂一样去开拓市场,和客户一个一个谈,一个一个去拜访,最终我以真诚、执着和专业性打动了客户。在发展房地产业务的同时,我认识到了服务、品牌的重要性。"

泽远中国这些年来一直稳步前行,得益于领航人蔡康的高瞻远瞩,他的战略眼光来自于他一直保持着学习的习惯,学习国家的方针政策,学习最新科技动态,学习管理知识,参与各种交流和论坛,开阔眼界,灵动思维。他说:"做事业一定要永葆学习的心,探索的心理。做生意真的不是那么简单,为什么你会比别人赚更多的钱,因为你比别人更努力,同时你比别人更幸运。我们自己也要求建立'防火墙',有人要合作,你要问问对方,他们有什么?你要反问他们除了钱,还能带来什么东西。"

有专家研究表明,创业者是稀缺物种,不是每个人都适合创业。有些人干哪一行都会成功,因为他具备创业者的潜质,具有创业者的气质;有些人创业失败一次,就再也不敢做了。据说创业的成功率仅为1‰,千个企业创业,最后仅有一个能杀出来,所以笔者认为,能够把企业做大做强的人都是最优秀的。

风雨过后　彩虹初现

"我们是一个满怀梦想的企业，正是梦想让一群平凡的人成就了这样不平凡的事业。"因为梦想，蔡康总是不断挑战自我，不断实现自我突破。在泽远中国刚刚成立之初，蔡康提出要做中国首个最权威的主题地产的发起者和领导者！这些年来，他们在这条路上奔跑着，精彩着，创造了一个又一个奇迹。如今，泽远中国已在北京、上海、天津、深圳、沈阳、武汉、南京、西安、长沙、太原、贵阳、南宁、济南、郑州、石家庄、呼和浩特、哈尔滨、乌兰浩特、阿尔山、洛阳、安庆、阜阳等全国主要城市开展主题地产全程代理业务的拓展及操盘，业务涵盖主题地产全程代理、工商铺经纪、资产管理、房地产运营、规划设计、融资等一站式产品系列，成为中国最权威的主题地产的发起者和领导者。公司荣获 2015 第三届"中国"国际地产华表奖。

作为公司董事长的蔡康在业内有重大影响力，他被国家发改委聘为国家发改委总部经济课题专家委员、中国商业资本联盟主席，国家的一些政策制定他都请他参与意见。他公正无私、有胆有识、拼搏不辍，具备了一种出众的领导力。领导力的实质是智慧力，他常不按常理出牌，常在别人熟视无睹中发现商机，因而常出奇制胜，被业内被尊称为"鬼才"。

他是使濒死商业地产起死回生的大师，盘活了众多的"死楼""鬼楼"，使社会资源得已重新利用，造福于民，使很多人重新上岗就业，他为社会做出了突出贡献。这几年各地看到商业地产的巨大利润，纷纷从住宅地产转向开发商业地产，殊不知商业地产也有巨大的风险，一些位置偏僻、人流不大的地方，商业地产往往租不出去，更卖不出去。蔡康的"主题地产"使其文化附体，把这些楼盘打造成当地的地标建筑、"城市名片"而焕发生机。他在这方面的著述和心得颇丰，诸如《主题地产开发与运营智慧》《"空城疗法"智慧》《"城市名片"智慧》《"鬼城治愈"智慧》《地产众筹智慧》《产业跨界整合智慧》《儿童业态——商业地产助力"发动机"智慧》……这些成果凝聚了一个优秀企业家的智慧,正在为社会分享而发挥着作用。

他的才能不是与生俱来的,也是他长期的学习、钻研和善于从战略高度来看问题修炼而来。他说:"我入职场,一直很少从员工的心态考虑问题,我要在我的岗位和职责范围内为企业创造价值,只有为企业创造了价值,才能体现我个人的价值。也恰恰如此,老板、领导才会对这个人刮目相看。对员工来讲,员工有员工的角度,这是可以理解的,但是员工以老板的心态看问题,有包容的心态,有所理解,他才会提升。我相信,任何一个老板,都有可能是这个员工的贵人。所以,我认为,自身的思维方式、思维角度会对人的一生产生平至关重要的影响。"

同蔡康的访谈,我们深深感到,企业领导人的领导力,决定了这个企业是否成功。说到底,企业是企业家做出来的,企业家本身有没有能耐,决定了这个企业的生死,而不在于别的。

回馈社会 彰显情怀

一个企业的发展与国家民族的命运息息相关,中国企业家诞生以来就担负起了救国的历史使命,而改革开放以来一大批有竞争力的中国企业在世界崛起,更锻炼和培养了一批像蔡康这样有远大理想和宏伟抱负的优秀的企业家,他们义不容辞地承担起中华民族复兴和中国崛起的责任这样的一个使命。

当笔者问蔡康怎样看待企业家承担社会责任的问题时,他神情庄重地说:"我认为承担社会责任是作为一个企业家的基本准则,这个社会给了企业家可以发挥的空间和平台,哺育了企业家。企业做到一定阶段,不仅仅要有社会责任感,而且要回馈社会。我们泽远中国就定期搞一些公益活动,如组织员工到养老机构、福利机构看望孤寡老人、留守儿童或者慰问贫困家庭。给他们送一些生活用品,做一些力所能及的事,帮助他们解决一些困难,这样才显示社会对他们的鼓励和温暖。另外一个层面,泽远中国有一个自营的品牌,叫艺炫颖国际交流艺术中心,这个品牌主要是打造文化艺术领域,也包括有教育的内容,这是我们的一个优势,我们也利用这个优势为最需要帮助的人做一些事情。我认为,在一个城市里,有一个最核心的建设者群体,就是我们的农民工朋友。他们背井离乡,抛家舍子,非常辛苦,他们大部分也不富裕,他们在为城市建设默默奉献着,可以说,没有农民工,就没有中国的今天,他们是值得尊敬和爱护的人。他们常年在外,有的父子、兄弟、夫妻同时在外务工,在对孩子的教育培养上,不论是从财力上,还是从精力上,都很缺失,顾及不够,这是一个非常普遍的现象,也是一个很大的社会问题。我们有做文化艺术的教育机构,我们利用这个平台会免费教授他们可以安身立命的谋生技能。中国有句话,授人以鱼,不如授人以渔。我认为这种免费的定向培养机制更有利于他们的发展。我们为社会,为弱势群体做一些事情,感到很欣慰,这是我们应尽的责任。"

他还进一步谈到:"企业在不断地往更高的层次发展,所有这一切,都源于这大好的环境,要感谢党的路线方针正确,感谢政府好的政策,社会哺育了我们,我们也要回馈社会,这也是我们泽远中国的一个基本准则。今后我们会以更多的方式、更大的力度,来履行我们的社会责任,为和谐社会建设贡献更多的力量。"

作为一个优秀的企业家,不仅要看创造多少财富,更重要的是看为社会有多少贡献。我们看到在蔡康的带领下,泽远中国在积极地承担履行包括法律责任、道德责任、慈善责任在内的社会责任,并使之成为企业上下的自觉行动。这样的企业家,我们是心存敬佩的。泽远中国会受到社会的尊重,并最终会得到社会丰厚的回报。

展望未来 征程依旧

蔡康把泽远中国打造成了一个在中国颇具影响力的房地产企业,他是一个卓越的领军人物,这个卓越的意义不仅仅在于泽远中国本身,更重要的是,它凝聚了房地产、建设、文化方面的成功结晶,为房地产业的未来提供了更高的智慧起点、更大的前进动力和更好的行业发展方向。一个优秀的企业家同时也往往是一个卓越的战略家。蔡康正运筹帷幄,精心整合,带着泽远中国朝着更高的目标奋进。

当笔者问蔡康对今后企业的发展展望时,他信心满满地说:"泽远中国有三个五年计划,第一个五年计划是占领市场份额,这个我们已经做到了;第二个五年计划是打造品牌,这个也基本做到了;第三个五年计划,也是高速发展阶段,是最核心的奋进期,最核心的愿景。2021年以后,公司将扩大市场规模并继续专注"品牌"战略的拓展,在每一个核心城市打造属于自己研发的"城市名片"项目,快速占据市场规模,形成真正意义上的"主题地产"和"泽远中国"的有机融合和贴牌。以标准的拓展及运营体系,实现在中华大地为每一座独特城市构建"城市名片",以推动中国新城镇化的发展升级!

通过对蔡康的访谈,我们似乎看到一个高大的中国企业家形象在眼前巍然屹立,正是有蔡康这样千千万万的优秀企业家支撑起共和国的经济大厦,他们不断传递着专业专注的匠人精神,他们是成功经营思路和理念的榜样,他们引领着逆流而上的企业家精神,必将带动中国经济去实现美好的中国梦!

(张 颖)

诚信成就吉佳 奋斗照亮人生

——访重庆市吉佳技能科技有限公司执行董事范福海

"信犹五行之土，无定位，无成名，而水金木无不待是以生者。"宋代思想家朱熹一语道破诚信的真谛。诚信，简单质朴二字，却蕴含了做人之本、立业之基的道理。一个又一个开拓者因为诚信而受益匪浅，又因为造假而锒铛入狱。而重庆市吉佳技能科技有限公司执行董事范福海，从业十几载，始终坚守在诚信的道路上，通过其坚持不懈的毅力、不怕苦不怕累的努力和独具慧眼的潜力，在创业的路上成就了自身，也推动了企业的发展，在丰都县打造出了他真正意义上的"玻璃王国"。

多年沉潜 厚积薄发

青年时代的范福海也曾有过创业的梦想，只是青涩的他还不足以让梦想照进现实。为了改变自己面朝黄土背朝天的命运，也为了让父母过得好，范福海不得不告别生活多年的家乡，开始了他漫长的打工生涯。

"只要踏实做事，有付出肯定就会有回报。"诚然，打工的历程是艰辛的。从基层干起，挑最脏最累的活儿，从小地方走出来的范福海最不怕的就是吃苦，总是认真完成每一件上级交代的事儿，与此同时，也一步一步脚踏实地地为自己积累着玻璃型材行业的经验，为创业打下坚实的基础。

没过多久,他按部就班的生活就被一件突发事件打破。用同事的话来说,就是这小伙有些"死心眼儿"。

事情源于范福海的一次失误,给别人少算了钱。倔强的他想要弥补这个失误,到型材市场挨家挨户询问那个的客户联系方式。老板为他超强的行动力与敬业精神而折服,当即调任他担任公司的销售总管。塞翁失马的幸运降临在范福海的身上,但他继续兢兢业业地工作,完成他的每一项任务,并开始有了规划。

与"光说不做"不同,范福海不仅敢做,说做就做,他还敢想。优秀的商业头脑和前瞻性的眼光成为范福海创业成功的一个重要因素。

1998 年,范福海从公司辞职,专心在广东做型材发货业务。极强的行动力和敬业精神为范福海赢得了市场。因为为人实在,范福海的行业口碑越来越好,手中的订单越来越多,逐渐在玻璃等型材领域混得风生水起。

此后 5 年,范福海在生意场上如鱼得水,甚至有不少客户只听过范福海的名字,连本人都没有见过,就把几十万元的货款打给他。"该我挣的钱我拿得理所当然,不该我挣的我一分都不会拿。这是我的做人原则。"他说。

然而,幸运女神并不总是眷顾范福海。困难从开始创业就没停止过。除去资金还算充足外,前期管理经验的不足成为范福海一个巨大的阻力。此外,尽管积累了多年的行业经验和广阔的人脉,他却在一些常识方面吃了苦头。各项手续的办理,范福海一窍不通,为此跑了很多腿儿,筋疲力尽的他依旧兴奋不已。这是一次蓄力已久的创业,为了等待这一刻,他准备了 13 年。2004 年,他正式叩开了玻璃等型材领域的创业大门。

脚踏实地 型材圆梦

2003 年,范福海把视线投向了老家丰都县。当时,丰都县正值大量三峡移民迁入,购房、装修的需求极其旺盛。通过调研,他发现,玻璃、铝合金等型材的需求陡增,而丰都的型材市场还基本处于空白。针对这一情况,范福海当机立断,返乡投资 50 万元开了家从事型材销售的门店。机遇从来都给予能够抓住它的人,范福海凭借敏锐的商业嗅觉与超强的行动力,再一次获得了幸运女神的垂青,这一次,他从中大赚了一笔。

范福海诚信的名声远扬在外。伴随着企业愈做愈大,范福海渐渐不满于赚取差价的销售模式。"丰都的玻璃市场供应量甚至连市场需求量的 **70%** 都达不到,而且丰都所有的玻璃都从外地运来,如果能够在本地开一家玻璃加工企业,就能实现利润最大化。"说干就干,多年的积淀终于厚积薄发,2014 年,范福海正式成立重庆市吉佳技能科技有限公司。公司始终尊崇"踏实、拼搏、责任"的企业精神,坚持诚信、共赢、开创经营理念,以全新的管理模式、完善的技术、周到的服务、卓越的品质为生存根本,以用户至上用心服务于客户,坚持用自己的服务去打动客户。

困难却在此时接踵而至。创业前三个月,公司一直处于亏损状态。"开弓没有回头箭,放弃就意味着更大的损失。"他决定迎难而上。深入分析失败的原因,范福海发现,玻璃的损耗高造成了成本居高不下,以至于自家产品的市场定价居然低于成本。他对症下药,想方设法地减少损耗,引进先进设备降低成本。

从第四个月起,范福海的业务量直线上升。此外,范福海通过老带新的方式,挖掘潜在客户。这种滚雪球的方式,使得范福海的客户量日益壮大,且口碑愈佳。高效率的服务和高品质的型材,帮助范福海顺利垄断丰都市场,而且还占据了石柱县 **60%** 的市场份额。

因为坚持 换来卓越

对于玻璃等型材行业形势,在范福海看来,整体还算乐观。"没有倒闭的行业,只有倒闭的企业。"正因为本着这样的理念,范福海以乐观积极的态度面对市场,提高产品服务。与房地产行业打交道,的确要面临激烈的竞争,但范福海相信自己,相信自己的公司。既然创业的条件已经具备,就只欠操盘手这东风了。要做就做到最好,范福海将精益求精发挥到极致,换来吉佳玻璃优良的性能与信誉。

如今,范福海公司拥有了员工 50 余人,2016 年,公司产值达到 5000 万元。这对新成立三四年的公司来说,已经是一个巨大的成功了,但范福海并不止步于此。

范福海发现,作为一个高新技术企业,人才的引进至关重要。因此,管理方面缺乏经验的他,想方设法弥补自己的这块短板。参加创业培训班是一个方面,更重要的还是自己去摸索、去总结。他把企业管理的理论知识运用到实践中,进行人性化管理,不考核员工的上班时间,只考核他们的工作效果,并提供具有竞争力的薪酬待遇。"企业不是我自己的,是大家的,是每一个企业员工的。"如今的范福海,开始着眼于从思维和思想方面引导员工,使他们以一个主动的心态工作。

作为一个兼具情怀与责任感的创业者,范福海谈及最感恩的人时,感慨万千。恩人不仅教会了他型材领域的门窗安装技术和行业技能,更重要的是,教会了他一些管理经验和理念,打开了他的人脉资源。他再三感激他的恩人——山西省侯马市装潢公司的刘总,将他从一个基层工作人员提携出来,才有了如今的成就。

"看到这么多人跟着一起做事,看到员工高高兴兴上班平平安安回家,我很幸福。"说这话时,范福海笑容真诚而纯粹。从创业的过程中,他不仅实现了儿时的梦想,也逐渐找到了自身的价值所在——为他人带来幸福。于他而言,创业,已经不仅是一种赚钱的方式,更是一种对人生意义的追寻与自我价值的彰显。

如今的范福海,已经在脑海里勾勒了一个未来蓝图。他准备与下游的门窗门店进行资源共享,将为他们提供门窗加工优质体验,水电与管理培训。此外,他力争把产品做到市场的认可,提高产品的完善度。兼具野心与实力的范福海,以诚信为尺度,丈量着市场的地皮,相信在不久的将来,他一定可以完善出自己的一个"玻璃王国"。

(张　颖)

饮水思源　致富不忘家乡人

——访贵阳花溪栗黔竹鼠养殖场创办人付学品

丘陵连绵起伏,山地一望无际,位于长江、珠江分水岭地带的贵阳市花溪区水量充足,森林郁郁葱葱,青山绿水恣意徜徉在大地的怀抱之中,在这片美丽的世外桃源深处,有一处别样的景致隐于其中,里面一个个错落有致的竹鼠窝并排而立,一只只小竹鼠毫不畏人地四处上窜下跳,俨然一个竹鼠"天堂",很多慕名而来的饕餮之客络绎不绝,为这本来宁静的山区平添了一股勃勃生机。这就是付学品创建的竹鼠"家园"。他以孜孜不倦的态度艰苦创业,用实实在在的行动带领着家乡人民走向致富道路。

人生而平凡,每个人于广袤无垠的宇宙而言,都只是沧海之一粟,短短几十年过去,顷刻消失在世界之中。然而,付学品却坚持用他平凡的一生孜孜追求着自己的事业,用平凡人的努力书写不平凡的一生。

壮志凌云

2013 年 8 月,在外打工多年的退伍军人付学品回到了心心念念的家乡贵州省贵阳市花溪区,投资 50 余万元,以 50 只竹鼠起家,正式注册成立了贵阳花溪栗黔竹鼠养殖场,并慢慢地发展成为乡里出名的自主创业者。但是他雄心很大,并不仅仅满足于当一名普通的"养鼠郎"。身为村干部的付学品,将目光投向了带领乡亲们共同富裕,他希望通过自己的努力,带着父老乡亲一起发"鼠财"。

付学品一路走来,可以说是困难重重,历尽艰辛。小时候因为家庭经济困难,原本打算通过学业改变命运的他被迫中途辍学。他1996年应征入伍,成为一名光荣的"子弟兵"。在部队,付学品得到了锻炼和磨练,即使后来退伍多年,他仍然感激部队的培养,让他无论遇到多大的困难,都觉得只要挺一挺就能过去。事实上,很多事情也就在他军人般的意志中迎刃而解了。

转危为"运"

俗话说:"天将降大任于斯人也,必先苦其心志,劳其筋骨,饿其体肤,空乏其身,行拂乱其所为。"这句话在付学品身上得到了充分验证。退伍后,付学品当过保安,摆过地摊,卖过蔬菜,做过驾驶员……他一直在寻求谋生的门路。有一天,在和朋友出外游玩时,无意中品尝到红烧竹鼠这道风味菜。竹鼠肉的鲜香让他胃口大开,在被其的美味所吸引后,付学品嗅到了一种商机:别人可以靠养猪养羊致富,我为何不能靠养殖竹鼠致富?回家后,付学品在网上查阅了大量关于竹鼠的资料,并做了详细的市场调查,发现贵州人工养殖竹鼠的比较少,市场空间很大。"座而起不如立而行。"在和家人商量后,付学品辞去了之前的工作,开始养殖竹鼠。

公司创建初期,艰难繁复。而这一切,他都咬着牙挺了过来。资金不够,那就向银行贷款。而在办事方面,付学品也遇到了他的"贵人"——姐夫谢厚忠,一位退休单位职工。他对付学品的事业大力支持,为养殖场的创办一直东奔西走。可以说,养殖竹鼠事业的顺利进行,谢厚忠居功至伟! 有了姐夫的鼓励,付学品更是埋头苦干,他相信,只要肯干、肯努力,自己定能够凭借竹鼠养殖走出一条大路来。

万事开头难。在试养阶段,因为没有经验,付学品吃了不少苦头。老话说"虎毒不食子",而竹鼠却恰恰是个例外,竹鼠生产后会吃掉幼崽,这一度让他损失惨重。通过学习网上介绍的养殖技术、不断摸索,付学品发现,"竹鼠食子"是生产时缺水、环境嘈杂等因素所致。随后,他将养殖场搬离村庄,改善了竹鼠的生活环境,养殖情况得到很大的改善。

品牌形成

虽然养殖竹鼠的数量大大提升,付学品却不满足于眼前这蝇头小利。他将目光投得更远,怎样才能使竹鼠的肉质更加上乘、鲜嫩,更富有营养呢? 他在网上看了很多有先进养殖经验专家的介绍说,真正好的肉质,要靠放养和吃天然食品才能得到最好的实现。

于是,他将竹鼠全部进行放养,同时让它们吃天然的牛苷、玉米等谷物,竹鼠由于活动不受束缚,整日蹦蹦跳跳,"日子"过得好不惬意! 村中很多老人看到他这样的喂养方式,纷纷出来阻止他。谈及当时的情景,付学品淡淡一笑,说:"大家都说我越活越回去,现在科技这么发达,养殖场只有越做越先进,没有像他我这样又做回原始的。"不过,付学品一旦决定要做的事,就是十匹马都拉不回来。在大家的流言蜚语中,他始终坚持自己的做法。一段时间之后,这批竹鼠果然肉质鲜美,咀嚼起来十分有弹性,深受消费者的欢迎!

更可喜的是,付学品将这些竹鼠样本拿到广西大学生物研究所进行化验分析之后发现,这些竹鼠的皮肤中含有大量的维生素 E,具有强大的抗衰老功效! 其营养价值竟是普通牛羊肉的三倍! 这些竹鼠的特质,都成了付学品养的竹鼠与其他同行不同的地方,成了他养的竹鼠的核心竞争力!

共同富裕

三年来,付学品一直勉励自己虚心学习,不断突破养殖瓶颈,使竹鼠逐渐适应贵州的高原气候条件,打开了销售市场。在经营中,他始终把诚信放在首位,他说:"我们农村人经常挂在嘴边的,就是说话就要算话!"所以,与他合作的商家都交口称赞,说他的买卖从不缺斤少两,竹鼠不仅货真价实,还有品质保证!在经营中,他得到了上级有关部门和基层政府的支持,申请到 20 万元的发展资金,用于改善养殖场的基础设施,并带动村民发展竹鼠养殖。

"下一步,我计划成立一个竹鼠养殖专业合作社,把市场搞大一些,形成自己特有的品牌,用品牌攻占市场。"付学品说,盘旋在他心头最大的一件事,就是带领着家乡人民一起赚大钱!目前,花溪区正在奋力创建首批国家全域旅游示范区,他希望以此为契机,做大做强竹鼠养殖业,带动村民共同致富。

现在他的竹鼠养殖已经颇具规模,发展前景一片大好。面对自己的成绩,付学品并没有骄傲,他计划合作社正式成立之后,就采用公司 + 农户的模式进行经营。

付学品说:"现在国家倡导大众创业、万众创新,作为一名自主创业人士,我希望那些在未来奋斗的人能够把握时机,尽量去做。"未来三年,付学品也打算抓紧时机,乘势而上,让养殖场的规模再扩大一倍。而他希望让家乡的父老乡亲都成为自主创业、走在致富道路上的一分子!

鲁迅先生说过:"世界上本没有路,走的人多了,也便成了路。"对于付学品来说,也是同样的道理。即使他走的路没有固定的模式,但他相信只要他坚持信念,继续做大做强养殖场,带着家乡人勇往直前,希望便在脚下,家乡的小路也会在他们的努力下变成康庄大道,未来也便会有无限可能。 (张 颖)

"澳洲坚果"成就精彩人生

——访广东骏旭投资有限公司创始人、总经理陈江明

广东省湛江市徐闻县角尾乡,位于广东省最南端,同时也是中国大陆最南端。这里东南面临琼州海峡,西濒北部湾,三面临海,地形就像一支角伸向大海,故称为角尾。角尾乡人多地少,人均耕地只有 0.3 亩,在改革开放之前,这里的乡民主要以打渔为生,唯一的副业就是晒点海盐,乡民生活一直不太富裕。1973年,陈江明就出生在这里。

和其他乡民一样,陈江明的家庭也不富裕。他小时候身材瘦小,也不怎么爱讲话,但脑子管用,点子多又敢干,让他成为极有号召力的孩子王,身后总跟着一队"小尾巴"。

小村庄外空旷的田野是陈江明最美好的记忆,爬树掏鸟窝、下河摸鱼虾、稻田捉田螺、收集知了壳……尤其是当他带着小伙伴爬上采摘的知了壳卖给中草药店,换了零花钱一起买零食吃的时候,小伙伴们欢雀跳跃的场面让他至今难忘。自幼生长在农村的陈江明从小就立志,要用自己的努力,改善农村的生活状况。当时的他或许没有想到,他的前途和命运,从那时起就已经和"农"字紧紧联系在了一起。

子承父业 掘得第一桶金

陈江明的父亲是一名工程师,他耳濡目染,他小时候梦想也像父亲一样做

一名工程师。长大后,兴趣使然,又是门里出身,他子承父业追随父亲的脚步做了一名公路工程师,工作也很出色。

或许是内心那一点自信,或许是不愿过朝九晚五的平淡生活,2006 年,陈江明毅然决定下海创业。他先从自己熟悉的工程领域入手,先后在创办了湛江市晋大信息咨询有限公司和湛江市晋大建设工程检测有限公司。

和别人一样,陈江明也要走一条创业的艰辛路;他又和别人不一样,他拒绝向银行贷款,也不向亲朋好友借钱,坚持凭自己仅有的积蓄闯进了市场。

创业的艰辛,只有经历过的人才能体会。苏东坡说过:古之立大事者,不唯有超世之才,亦必有坚忍不拔之志。细数历史风云人物,莫不与此论相吻合。陈江明对此十分认同,他说,创业最重要的就是坚持,创业失败的大部分人都是因为没有坚持下去,只有坚持才会有机会走出来,只有执着坚持才会成功。

很多人都有一份创业的热情,但在创业的过程中总难免遇到坎坷,大多数创业者在创业初期徘徊过,甚至直接放弃了创业的梦想,陈江明却因前期的磨炼得到了更多的经验,得以信心十足地在市场拼搏着。陈江明一遍遍跑市场、上工地、访客户,在竞争激烈的市场中看准机会,带着员工就上,碰了壁,退下来总结经验教训再上……凭借着他的聪明才智和沟通能力,以及从小养成的孩子王般的号召力与感召力,陈江明带领公司员工心往一处想,劲儿往一处使,把业务越做越大,客户资源也越攒越多,将当初一个小小的工作室,发展成为现在两个颇有规模,且在行业内享有良好声誉的公司。

事业有成 不忘儿时初心

对于陈江明来说,创业故事到这里似乎就结束了,手握两家成熟的公司,收入稳定,衣食无忧,夫复何求?但陈江明并未打算就此止步,他一直没有忘记小时候的志向:要用自己的努力,改变农村的生活状况。

当初和陈江明一同下海经商的人,经过几年的大浪淘沙,已所剩不多。陈江明这位在激烈的市场竞争中站稳脚跟的幸运儿,虽说腰包逐渐鼓起来了,但他并没有陶醉在小富即安的幸运上。他常常扪心自省:上苍留下了我,是看得起我,我必担大任,方可不负上苍。中国是一个农业人口众多的国家,国家的强盛最终取决于农业的兴衰。有一个念头一直萦绕在陈江明的脑海里:寻找机会做第一个吃螃蟹的人,投身发展农业。他这个想法不仅是为了让公司业务向多元化发展,也是希望用自己的信念和努力,去改变家乡农民的命运,到绿色的田野里去创造一个奇迹。

跨界投资 跃上新的起点

2010 年,一次偶然的机会,陈江明从中国农科院亚热带植物研究所了解到了澳洲坚果项目,"坚果之王"的优势让他眼前一亮。产于亚热带地区的澳洲坚果,又名夏威夷果,是世界上经济价值较高的一种名贵食用干果。除用于制作干果食品外,果仁还可以制作高级食品、优质食用油、优质化妆品、药品等,用途十分广泛,在国际市场上备受青睐。在当时,这种坚果主要产自美国和澳洲,国内种植规模很小。

经过多次考察和市场调研,陈江明发现,市场对澳洲坚果的需求日益增大,尽管价格昂贵,但仍供不应求。而同时,由于澳洲坚果在国内的产量较小,国内市场的货品主要依赖从国外进口。"实际上,即使在中国所有适合种植地方都种了澳洲坚果,也不能满足市场需求,所以我们对发展澳洲坚果种植充满信心。"陈江明说。

跨界投资,主意已定。当年 10 月,他成立了广东骏旭投资有限公司,投资农业开发、休闲农业观光旅游和健康食品加工。为更好管理与发展澳洲坚果产业,由广东骏旭投资有限公司投资,又成立了云浮市旭诚农业发展有限公司作为全资子公司进行管理,负责广东省云浮、肇庆等地区的多片开发种植或合作开发。

陈江明,这位勇立潮头的时代骄子,再一次用勇于突破、自我挑战站在了人生新起点上。

饱经历练 千回百折终不悔

俗话说隔行如隔山。从当初的建筑业、工商业一脚踏进了农业,陈江明这才发现,在这个行业里投资和创业,要比以前的创业困难得多。

投资澳洲坚果项目之路艰辛又曲折,农业投资大、周期长、回报慢,还要受自然规律、条件、环境的制约,有明显的季节性、区域性和周期性,特别是对于投资成本利润估算有别于工商业,不可预见性太多。这些大大小小的问题,导致跨界投资的陈江明每一步都走得十分困难。眼看着每天大把资金投进去却不见收益,有不少当初支持他的亲朋好友开始转而劝他放弃。

面对质疑,陈江明不言声、不放弃,对初心的坚定,让他选择了勇往直前不回头,选择了直面和享受创业中遇到的一切。立项有困难,他一趟趟跑政府机关,寻求政策支持;技术上不懂,他就一次次地往科研机构跑,虚心请教科研人员;没有专业团队,他招兵买马、招贤纳士,引进高水平人才;农民不信任、不合作,他带领公司上下以身作则,用一颗真诚的心和做诚信的事,一步步拉近与农民兄弟的距离;初入市场不认可,他要求公司上下对待产品质量要向对待自己生命一样重视,坚持人工筛采摘烘干、每批次进行仪器检测,力保产品优于国家标准。

终于,昔日贫瘠的梯田,变成了果树漫山遍野;昔日不愿合作的农户,现在正在合作基地里忙得热火朝天;昔日初入市场无人识的陌生品牌,现在已经通过商场超市走进了千家万户。广袤的山坡和田野上,绿色林海一望无边,绿色的圆果挂满枝头……

回望来路 奋斗正未有穷期

目前,陈江明的公司拥有 5000 亩自有种植基地、500 多亩苗圃培育基地,以及十余座加工厂。同时,联合农户合作种植面积达 3 万亩。原创的"雅美津"品牌澳洲坚果,已成为公司重点发展产业,知名度不断提高,线上线下同步销售。公司同时还生产护肤品、精油、活性炭等衍生品,年产值 6000 余万元。公司创新性地采用了"公司 + 基地 + 农户 + 合作社 + 家庭农场"的经营模式,与中国热带农业科学院南亚热带作物研究所和广西南亚热带农业科学研究所等科研机构建立了良好的合作关系,正力求打造广东省澳洲坚果示范基地标杆,致力广东省内地多片区合作开发种植、项目规划、种植管理、技术推广、种苗培育、实验研究、回购及加工事业。

面对现在的一切,陈江明谦虚地说:"我们才刚刚起步,这点成绩真算不上什么。"回望来路,方知取得成果之不易。一番成就归来时,陈江明说,他坚持建造澳洲坚果基地,为了别人,也是为了自己。当初选择投资农业,一方面是因为看到了农业市场的发展趋势,另一方面是他的童年曾在这样的农园中度过,在松软清香的泥土上奔跑、在结着颗颗饱满果实的大树上玩耍……这一份情怀让他永生回味。

只要方向对了,就不怕道路遥远;只要坚持做下去,就一定会成功。对于未来,陈江明表示,公司将在 10 年之内,将坚果种植面积扩大到 40 万亩,同时打造更加现代化的生产基地,建立更多农产品深加工厂。不断加强科技培训,促进科技创新和转化,不断建设健全服务推广体系,做好产品及相关服务。形成政府引导扶持,企业带动,农户广泛参与,风险共担,利益共享,实现国家、公司、农户共赢。为农民脱贫致富做贡献,为加快国内坚果产业又快又好发展做贡献。

人生就是一个通过不断发现、创造、践行并成就自我的过程,所有在成长路上的经历,无论是挫折、挑战还是收获与感动,一切都是最美的体验。在实现梦想的路上,一往无前,我们从未奢求成功,但求未忘初心,追逐梦想。"陈江明说。

（张　颖）

充满创意的商业之旅

——访内蒙古自治区乌兰浩特市兴安盟众鼎农牧业生态旅游综合开发有限公司董事长刘蒙

踏着绿地毯,踩着边防线。

吃着中草药,喝着矿泉水。

跳着迪斯科,谈着跨国恋。

这是刘蒙为鸵鸟编的顺口溜。

他喜欢和不同的生物一起散步,空闲的时候会经常出来溜羊驼;

他对美味佳肴情有独钟,这使他体重达到了 210 多斤;

他喜爱体育锻炼,这让他成为当地羽毛球比赛业余组的冠军;

他对经商充满兴致,能把一只鸵鸟卖出超出原价 3 倍的价钱,年销售额 800 多万元。

他,就是内蒙古兴安盟众鼎农牧业生态旅游综合开发有限公司的董事长刘蒙。

与鸵鸟结缘

土生土长的内蒙古男孩刘蒙,是个 90 后。对于 90 后,人们立刻想到的词汇是"新潮"、"享乐"、"叛逆"、"张扬",在刘蒙那里,最能体现的就是"享乐"。

他的"享乐"体现在会吃会玩上,他不仅对家乡美食如数家珍,更是尝遍了天下美食;他会玩,熟悉很多游玩的好去处,玩着玩着,办起了公司,养起了鸵鸟,开起了餐厅。

刘蒙头脑灵活,在大学实习期间,他没有找单位实习,而是挑选了一个地方,开办了一家麻辣烫店,凭借辛勤劳动,挣足了自己一年的学杂费,这一切让学校师生对他刮目相看。

他的经商头脑,主要受他父母的影响,他父母常年经商,这让从小生活在乌兰哈达镇的刘蒙耳濡目染,对经商产生了浓厚的兴趣。

毕业后,学习工程监理专业的他,没有继续经营麻辣烫店,而是被广西百色一家企业择优录用,年薪 10 万元。进入了一家待遇优厚、令人羡慕的公司,刘蒙认为自己会一直这样做下去。直到 2013 年的一次偶然机会,他在网络上了解到了鸵鸟养殖的项目,这下,重新点燃了他的创业激情。

激情的火花一旦被碰撞出来,是很难寂灭的。刘蒙对此事日思夜想,以至于恍恍惚惚,对工作心不在焉,工作中总是出错。老板发现刘蒙最近有点不对劲,找他询问情况,刘蒙毫不隐瞒地对老板说:"我想要创业,养殖鸵鸟。"老板以为他在开玩笑,并没有当真。第二天,刘蒙便递交了辞呈报告,毅然走上了特种养殖的创业路。

在采访中,刘蒙对笔者说,"这是心的召唤。"

养鸵鸟是一个投入大、周期长的项目,而且还存在多种风险。笃定创业信念之后,刘蒙先后去山东、河南、河北等多地进行实地考察,回来之后,他拿出自己全部积蓄的十几万元,又借了 50 多万元,购买了 60 只鸵鸟,在老家乌兰浩特市建起了养殖场,并成立了兴安盟众鼎农牧业生态旅游综合开发有限公司。

一下子购买这么多只鸵鸟,家人朋友十分担心,但刘蒙信心满满,毫无惧色。他每天给鸵鸟进食,悉心照料着鸵鸟的日常起居,观察鸵鸟的成长情况。然而养殖没到一年,悲剧发生了——一大半鸵鸟死了。

这次刘蒙赔掉了 60 多万元。

所有的努力都付诸东流。作为 90 后的刘蒙,从不言败的性格让他越挫越勇,他请教专家,找到了鸵鸟死亡的原因:环境、温度以及喂养方法和饲料等因素是导致鸵鸟死亡的主要原因。

刘蒙重整旗鼓,又借了40多万元,花高价购买了第二批鸵鸟。之所以价格贵,是因为供鸟商告诉他,这批是正处于发情期、马上要产蛋的鸵鸟。这一次,虽然鸵鸟没有死亡,但奇怪的是,鸵鸟每天只知道进食而不产蛋,后来请教专家后才得知他被骗了,他买的鸵鸟才一岁半,没到发情期,根本不会下蛋。

刘蒙遭到了五雷轰顶般的打击,此时,他已经欠下上百万元的债务了。人们劝他放弃,但跌到了谷底的刘蒙并没有一蹶不振,反而更加激起了斗志。

回到家里,看着怀有身孕的妻子,刘蒙的心情五味杂陈。他鼓起勇气向妻子说出了卖掉婚房再拼一把的决定。当时,妻子的眼睛里浸着眼泪,但在他的反复请求下还是同意了。

山穷水复疑无路,柳暗花明又一村。他用卖婚房的钱重新开始了养殖鸵鸟的事业,在这最后的奋起一搏中,刘蒙迎来了事业的曙光。

延伸鸵鸟价值

鸵鸟是生活在非洲的禽类动物,在内蒙古养殖,必然受各种因素的影响。这次刘蒙可没有掉以轻心,为了解决饲养上出现的问题,他通过互联网自学养殖技术,成为中国鸵鸟养殖开发协会会员,有了接触同行学习和交流的好机会。

在北京学习的时候,他有幸结识了中国农业大学的张教授。张教授为人谦和,很看好这个来自内蒙古具有拼搏精神的年轻人,在刘蒙的虚心请教中,张教授多次向他提供了专业技术上的帮助,使刘蒙受益匪浅。

回到家乡后,刘蒙对鸵鸟养殖基地的保暖,空气湿度,微量元素的补充和防疫等多个方面进行了重新调整,采取了有效措施。

鸵鸟养殖基地逐渐走向正轨,发展到今天,刘蒙已经拥有科右中旗、乌兰哈达、阿尔山、河北四处养殖基地,年养殖基础繁育鸵鸟600余只,年出栏1000余只。

在把鸵鸟养殖业不断做大做强的同时,刘蒙的把眼光放得更加长远。

据研究表明,鸵鸟全身都是宝。鸵鸟肉营养丰富,具有极高的营养价值,品质优于牛肉。除了鸵鸟蛋是世界上最大的蛋之外,它的蛋壳含有丰富的天然碳酸钙,易于人体吸收。正是鸵鸟的羽毛是世界上唯一不起静电的羽毛,在中世纪骑士都喜用鸵鸟羽毛装饰头盔。

刘蒙发现了这一商机,把目光转向了鸵鸟产业链条上。他在奥伦布坎景区开办了一家餐厅,主打鸵鸟菜品。鸵鸟肉口感好、高蛋白、低脂肪,通过厨师的精心烹饪,餐厅推出的云雾缭绕鸵鸟蛋、鸵鸟肉营养健康养生煲、鸵鸟陷的饺子等10多种独具风味的特色佳肴,深受食客喜爱,仅仅3个月的时间,刘蒙年创销售额就达到了400多万元。

一只鸵鸟能卖到3000多元,而刘蒙把一只鸵鸟卖到了1万多元,"一道鸵鸟菜带来的利润可不仅仅是一道菜,还有更值钱的东西。"刘蒙如是说。

如今,慕名而来的食客络绎不绝,鸵鸟在为刘蒙创造财富的同时,也让刘蒙发现了更大的商机。2017年8月,刘蒙在乌兰浩特市新开办了鸵鸟主题文化餐厅,预计今年刘蒙公司的养殖、餐饮、娱乐总收入高达800万元。

靠着创新的驱动,成功的路在刘蒙的脚下不断延伸。

用品质拓展市场

表面的光鲜亮丽,离不开背后的辛勤付出。

创业容易,守业难。面对行业之间的激烈竞争,如何才能保持自己的鸵鸟事业长盛不衰?这是刘蒙一直在思考的重要问题。

近些年,随着经济的发展,人们生活水平的不断提高,消费者越来越注重食品安全的问题。为了确保食品安全,刘蒙从食品质量入手,严把产品质量关,根据国家标准,生产原生态有机食品。刘蒙给鸵鸟喂养的饲料也是经过特别考察的天然、无污染的中草药饲料。看似很小的改变,却让刘蒙的主题餐厅获得良好的口碑,迎来的不仅是大量的回头客,还有"老人带新人"的新面孔。

事业蒸蒸日上的刘蒙没有停止前进的脚步,他对未来有着清晰的规划。在销售上已经实现线上线下相结合之后,他还着重发展经销商,扩大自己的销售队伍。他认为,在实现创业成功的同时,还能带动其他人富裕,何乐而不为呢?

这些年的拼搏,让刘蒙积累了大量的创业经验,他始终相信北京点击科技有限公司董事长王志东说过的一句话:"财富是猫的尾巴,只要勇往直前,财富就会悄悄跟在后面。"

他告诉笔者:"创业就像是一场声势浩大的旅行,你永远不知道下一站将会欣赏到什么样的风景。好奇心和挑战会让你勇往直前,一路向前。"不过,他不提倡年轻人刚开始创业就做互联网,世界上不会有第二个马云,而且,只在虚拟的网络上销售东西而没有实地产品,这是非常危险的。

商业必须要有产品作为根基,而产品是发展商业的前提。

在创业这条路上,刘蒙一直胜不骄,败不馁,始终在探索、在发掘、在尝试。不管自己的事业有多么成功,总感觉自己的的创业之路才刚刚开始,刘蒙就是这样一个人。

（张 颖）

发展生态农业 崇尚实干精神

——访四川省豪峰科技开发有限公司总经理陶鹏

我们深知,伟大的思想家、文学家——鲁迅先生曾经去往日本求医,他期盼用医生的双手拯救那些同病魔抗争的国人们。但残酷的现实让他渐渐明白,国人被摧残的不仅仅是一尊尊孱弱的身躯,还有躯壳之下麻木不仁的灵魂,而唯一能够唤醒他们的,只有那些如刺刀般一针见血、深入人心的文字,他决心弃医从文。而我们今天的故事主人公陶鹏放弃了安稳的医药事业,毅然决然地选择了养殖业,弃医从农的抉择之下,他究竟历经了怎样的心路历程呢?

从 2010 年成立到现在,陶鹏的公司面临过建立之初负债累累的窘境,经历了各种各样、大大小小的困难与挑战,也承受了许多不为人知的冷嘲热讽。但"既然选择了远方,便只顾风雨兼程",他正是这样的履行者。看来,最初的转行并非一时兴起,而是他真心实意地选择、深思熟虑后的结果。

在采访陶鹏的过程中,我们听到最多的词汇便是"生态"。他始终都在强调"生态农业"的重要性,始终把自己的事业和人民大众的健康联系在一起,这份沉甸甸的社会责任感在他身上体现得淋漓尽致,颇有几分大企业家的风范。就算是在他作为医生的时候, 也努力将改善全民身体素质和健康当作自己的义务,如今,这份初心他仍在保持并延续着。

从他的介绍中我们得知:对于如何养猪、养什么样的猪、怎样养好猪? 他有着自己的理念与坚持;对于公司的优势与不足,他有着清醒的认识和解决的办法;对于未来的发展方向,他有着长足的打算和明确的规划。在牢牢抓住生态农业的基础上,全面开拓网络销售的渠道,加强行业合作,将实干精神发扬到底,在未来,我们定能看到陶鹏在西南的广阔土地上开辟全新的天地!

誓志弃医从农 父母鼎力相助

2010 年,陶鹏决心放弃安稳的从医事业,选择前途未卜的养殖业。据了解,当时他已经开了 3 家药店,一年的收入也有 60 多万元,那到底是什么样的原因让他做出了"弃医从农"的决定呢?在采访中,这样的疑问终于得到了答案:陶鹏发现国内市场的肉制品质量十分低下,导致了很多人的肥胖,也衍生出其他各类疾病,而家家户户都离不开猪肉,为了改变国内市场猪肉的品质,他决定身体力行,投身于养猪事业。这样的初衷着实令人动容,这样的从业责任感更是不可多得!

在陶鹏决心养猪时,他的父母并没有反对而是全力支持,卖房子卖车,向银行贷款,全力为他筹措资金。不但如此,60 多岁的父母亲还天天下地在大太阳下割草,背猪草摸黑上山,无论刮风下雨、严寒酷暑,都不例外。当地人看着身为老中医的老爷子如此劳累,议论纷纷,唏嘘不已,可陶鹏的父亲从来没有因为创业养猪的事情向儿子抱怨过,而是一直坚定地支持着儿子的事业。三十多岁的陶鹏在被问及创业道路上对自己帮助最大的人时,他反复提及他的父母,他感动地说道:"如果没有父母的支持,我坚持不到现在。"正是这份血浓于水、义无反顾的强有力支持成就了他如今的事业。

陶鹏的养猪事业就在这样较好的环境下展开了,尽管初步的投资让他负债100 万元,但他依然怀抱信心,坚定不移。他的公司采用合作社 + 公司 + 农户的形式,以合作社发展公司,公司推动合作社,从而共同带动农户发展的新模式。同时与几家食品公司进行合作,同步开拓网络销售市场,充分利用好把握好互联网巨大的资源优势、推广优势、宣传优势、发展优势,实现客户范围的进一步拓展。

坚持优质品种 取得初步成功

陶鹏养殖的猪品种和普通猪大有不同,这是一种高原型小型猪种,叫作"藏香猪",主要分布于我国四川阿坝州、甘孜州、云南香格里拉、甘肃甘南等地,生长在海拔 3000～4000 米的高原地区,耐寒,体质好,抗病能力强,且肉质优良,唯一的不足是生长周期较长。

对于猪肉质量的监管把控,陶鹏更是下足了功夫。他采取了三种方法检测肉质:其一,去相关检疫部门做猪肉的专业鉴定分析;其二,也是最传统的方式,运用测膘仪对猪肉的膘含量、瘦肉含量进行估算,从而分析其是否健康;其三,用站位的远近来观察猪的毛色、体型,从而判断出肉质的好坏。同时,陶鹏还会让农户去挑拣和筛选最纯种的猪,"藏香猪"本身的肉质就十分优良,陶鹏又运用了一些科学有效的检疫方法和专业人士的精心挑选,这就极大程度地确保了这些猪的优质性。

而面对"藏香猪"生长周期慢的缺点,陶鹏特别指出了一个误区,就是很多养殖者为了加快猪的生长速度,而采取一些不合理的养殖方法,甚至使用一些刺激性的饲料催熟,这些破坏养殖规律和生态农业理念的方法是不长久的、经不起时间考验的,这也是他时常提及的:每个养殖者都应当有自己的养殖理念,中国的生态猪养殖还是相当有前景。而任何养殖经验和理念都离不开"生态农业"这一根本,这是任何时期都应当遵循的。

在"生态农业"的指导下,陶鹏始终秉承这份理念,并将它贯穿到公司的建设当中去,养殖规模不断发展壮大,如今的年销售额已达到 150 万～160 万元。一路走来,创业路上的困难却是数不胜数的,陶鹏回忆起那段艰辛的创业历程,感慨良多。采访的过程中,陶鹏说他清楚地记得 2013 年 7 月 9 日这天,那天便是"7·9洪灾",当天下了很大的雨,运输道路是没有修建的泥巴路。一时之间,道路满是泥泞,加上该地属于丘陵地区,山体滑坡十分严重,运载车上不去下不来,只能用马来驮运。在这样的恶劣条件之下,损失十分惨重,达到了200万元。

像这样的困难会时常伴随在陶鹏的创业途中,无论举步维艰的过去还是平稳发展的现在,甚至是充满期待的未来,心中的那份信念与父母强有力的支持,都会支撑着他毅然前行,勇往直前!

恪守诚信勇担当 实干创业做榜样

当我问及陶鹏对于社会责任感如何理解时,他果断地回答:"在于生态。做一件事情就应当担当责任,只有这样才能做好这件事情,如果连责任都担当不起,将一事无成。"从陶鹏的话语中,我们深切地感受到社会责任感在他心目中的重要性。无论从事任何行业,是经商还是从政,是行医还是育人,社会责任感都是必不可少的。他正是将"生态"的内涵同社会责任感这一艰巨的使命联系在一起,才牢牢地抓住了发展的根本大计。

对于公司未来的规划,他期待在三年之内培育出一个川藏黑猪和藏香猪杂交的全新品种——藏香土黑猪,并发展到25万头,养殖出老百姓都吃得起的健康猪肉品种。同时,将大力加强网络宣传,拓宽销售渠道,建立一个完善的食品配送体制,解决产品"走不出来"的问题。近年来,政府对当年那条泥巴路进行了翻新修建,一条崭新的水泥路呈现在眼前,陶鹏说:"政府的这一举措对我而言,已是最大最实在的帮助了。"同时,他也希望政府给予养殖业以更多的关注度,无论企业大小,都应当切实地提出有针对性的建议,并给予资助。

说到对于大学生创业的建议,陶鹏滔滔不绝起来。他希望大学生专心做好一件事,在确定了自己想做的事后,持之以恒,不断总结与反思。他对许多大学生在创业过程中所体现的实干精神是十分值得肯定的,但是面临一个共同的问题:创业之初拥有一定的起步资金,但是缺乏周转资金。陶鹏认为,这就需要政府的牵线搭桥了,怎样整合创业者以达到共赢? 这点至关重要。

我们期待陶鹏的生态农业能够带动更多的人,也希望这份实干精神能成为一种榜样,照耀着后来者!

(张　颖)

信念铸就辉煌　创新昭示未来

——访景德镇有道陶瓷有限公司总经理黄华平

　　酒是一种由粮食酿成的特殊饮料。作为盛酒的一种容器，陶瓷酒瓶是一种极好的艺术表达介质，可集诗词、书画、篆刻、雕刻等文学艺术于一身，和酒有着相同的、极其丰富的文明内在；本身具有的可塑性、耐用性、环保性、密封性等特点，也使其变成盛酒的上佳材料，逐渐被越来越多的酒厂使用。陶瓷酒瓶将酒文化和陶瓷文化的精粹融为一体，促进了酒企的发展。

　　中国是瓷器的故乡，景德镇是我国陶瓷主要产地之一，制瓷历史悠久，闻名中外，享有"瓷都"之誉。景德镇有道陶瓷有限公司（以下简称有道陶瓷）专业从事酒瓶酒坛加工、酒坛器型花色图案设计，生产的陶瓷酒坛、酒壶、酒罐、酒瓶、酒具等，畅销全国各地。公司客户大都是国内知名品牌如五粮液、贵州茅台等酒企。现在，公司正抓住"一带一路"机遇蓬勃发展。

坚定信念　艰苦创业

　　有道陶瓷总经理黄华平生于景德镇，父母都在陶瓷厂工作，童年的他耳濡目染，已把陶瓷作为生活的一部分。但年轻人的心总是不安分的，对外面的世界充满好奇。黄华平读大学的时候选择了经济管理专业，毕业时正值中国经济发展的大好时机，沿海经济炙手可热，大批毕业生选择到上海、杭州等地一展抱负。黄华平深受感染,选择去杭州发展。

在外闯荡多年,事业发展不尽如人意,黄华平不得不重新考虑规划人生。中间一次回家探亲,给了他很大的触动。走在街道上,形式各样、精致美丽的瓷器,勾起了他儿时的回忆。这一夜,黄华平辗转难眠,想了很多。

景德镇瓷器"白如玉,明如镜,薄如纸,声如磬",品种齐全,瓷质优良,造型轻巧,装饰多样,从宋元时期到清朝一直贡奉皇室,创造了一个又一个传奇。而到了今天,随着制瓷技术的发展,越来越多的陶瓷品牌在各地纷纷涌现,争先崛起。景德镇瓷器虽然名声好,但在人们的生活用品中所占比例越来越小,工艺、品种赶不上时代潮流,慢慢地荣光不再。据2015年度"中国陶瓷十大品牌"显示,广东的陶瓷品牌以超过半数的压倒性优势占领了榜单,剩余四家上榜品牌分别来自湖南、广东、唐山、福建,江西无一品牌上榜。景德镇陶瓷要想脱颖而出,必须加快产业转型,增强实用性。

想到父母期盼的眼神,黄华平做了一个重大决定:回到家乡,为家乡瓷业的振兴贡献自己的一分力量。很快,他从朋友那里得知陶瓷酒瓶行业现状,敏锐地捕捉到未来陶瓷酒瓶制造业将会大有作为,从此踏上了艰辛的创业之路。

陶瓷酒瓶产地主要集中于江苏、山东、湖南、江西、四川等地,五个主要产区的总产量占陶瓷酒瓶总量的90%。玻璃酒瓶的主要产区在四川、山东、湖南等地。经过多地考察,黄华平认为,景德镇瓷器必须结合厂家地域特色,才能得到市场的认可。

从外地回到家乡后,黄华平租了一个小工厂,开始探索烧制陶瓷酒瓶的方法。毕竟没有进行系统的学习,从制作陶坯到酒瓶烧制工序,都得一点点摸索、尝试。为了熟悉工艺,黄华平翻遍所有的陶瓷酒瓶资料;为了掌握窑炉的烧制温度,他经常趴在窑炉前注视温度表的变化。日复一日,他付出着自己的心血和汗水,辛勤和执着。皇天不负有心人,黄华平创新地将景德镇特色陶瓷工艺融入酒瓶,为各大酒企带来了新款式的包装,也进一步弘扬了景德镇的优秀陶瓷工艺。

创新工艺　品质至上

　　黄华平在亲戚朋友的支持下,创立了有道陶瓷。万事开头难,前期维持公司运营需要不少资金,黄华平多么希望能有一个订单帮他打开局面!幸运的是,一位广西客户来公司洽谈业务,经过一番交谈和了解,非常认可黄华平的能力和人品,决定与有道公司签约。更让黄华平感动的是,这位广西客户还非常热情地把黄华平介绍给身边的朋友,给他带来了更多的客户。就这样,黄华平度过了创业初期的难关,站稳了脚跟,公司也有了一定的口碑。提起这件事,黄华平十分感动:"他是我人生的贵人,他对公司产品的信任激发了我的动力,一定要把产品做得更好。"

　　一时的成功可能是运气,要想公司长久发展必须靠实力。黄华平在销售过程中逐渐形成了自己的特色。每次客户上门洽谈生意,他从不着急展示自己产品的优势,往往是先让客户坐下来,倒上一杯茶,聊一聊,更多的时候是在听客户讲;自己则根据从客户口中收集的一些信息,摸索客户对产品设计的偏好,在脑海中构思瓷器的雏形。凭借自己丰富的经验和对瓷器艺术的领悟,黄华平设计出来的样品非常符合客户的想法,有些客户甚至非常惊讶,因为这些想法存在于他们意识深处,非常抽象,自己都难以表达清楚,但黄华平做到了。凭借这个过人之处,公司赢得了很多订单,与五粮液、贵州茅台等知名厂家签订了长年合同。

　　面对市场的激烈竞争,创新发展工艺技术是有道陶瓷的一大优势。在陶瓷设计领域,更多的现象是千篇一律,都是一些老套路,不是跟风,就是互相模仿,这对陶瓷行业是极大的冲击。黄华平敢想常人不敢想,干常人不敢干,大胆改进传统模式,无论从工艺还是材质方面,都进行了大胆创新。有道陶瓷拥有一个颇具特色的设计:酒坛可配放酒龙头、密封圈,酒瓶可配锁扣;厂家可以大量定做、订制和加工。

　　黄华平说:"做产品做的是品质,要做到最佳,不可模仿,即使你模仿了外观,也模仿不了品质。一定要确保上市的产品没有瑕疵,只有品质有了保障,才能得到市场的认可,口碑才会越来越好,在市场上立于不败之地。"

创新是社会进步的主题。一个人、一个企业,没有创新,就会成为时代的落伍者。黄华平的创业诠释了创新的深刻内涵,印证了时代的召唤。

做良心产品 续写新传奇

黄华平作为一位实干家,以对企业负责、对社会负责的责任心,做着自己的产品。他说:"一个企业好不好,不是自己吹出来的,是做出来的,是时间积淀、市场洗涤的结果。要想立足市场,获得好的口碑,就要做良心产品。"他还说:"'八项规定'很好,现在市场更有序了,企业也更公平了,最终产品好不好,将由市场来决定,这既是市场健康的体现,也是企业发展的商机。"

在"大众创业、万众创新"的社会背景下,黄华平语重心长地劝诫年轻创业者:"其实,找到适合自己的平台也是一种成功;只要用心做好每一件事,你终究会达到人生的高度。创业就怕三心二意,要坚持你的选择,勿忘初心、勇往直前。"

"天行健,君子自强不息;地势坤,君子以厚德载物。"随着国家"一带一路"战略的实施,黄华平和他的有道陶瓷会有更多的发展契机。黄华平将率领他的团队积极考察、开拓国外陶瓷酒瓶市场,弘扬中国景德镇优秀陶瓷文化。"我希望我可以把景德镇优秀的陶瓷文化传播到各国,让各国顾客在品尝美酒佳肴之外,欣赏到独具魅力的中国文化。"黄华平坦言。

黄华平对公司发展前景表示乐观,对未来充满信心。公司产品将出口美国、欧洲甚至全世界,因为公司的产品任何一个国家、任何一个酒企都会用,也用得着。相信未来的日子里,黄华平将传承今日之信念,续写新的传奇!(赵 爽)

英姿飒爽本军人
清洁行业领风骚

——访西贝隆科技发展(北京)有限公司董事长
兼总经理贾跃成

　　或许你以为自己离清洁行业太远,或许你没有听说过贾跃成这个名字,但事实上,在我们的社会生活中,总能接触到这个人所创立起来的事业的一部分,形形色色,形影不离。他在清洁行业所达到的成就令人佩服,他为我们社会生活所贡献出的努力与智慧令人称叹,他就是西贝隆科技发展有限公司董事长贾跃成。

军人本色,选择创业

　　贾跃成1997年参军,并荣幸地来到"钢七连"。因表现优秀,第一年就入了党,并成为某将军的勤务员。军营里的磨炼,培养了他不屈不挠的毅力。正是这份毅力,支撑着他走过了后来的创业之路。

　　2000年退伍之后,贾跃成没有像其他退伍兵那样彷徨不定,或者只求稳定。为了改善家庭经济状况,他毅然选择去北京闯荡,开始了在清洗保洁行业的打拼。2001年,贾跃成正式注册成立"北京西贝隆保洁服务中心",任董事长兼总经理。靠着军人特有的吃苦耐劳的精神,贾跃成在北京这座古老繁华而又竞争激烈的城市,艰苦奋斗,开创事业,转眼已有十余年。

创业初期,贾跃成在北京蜗居在一间阴暗的地下室里,缺资金,接不到业务,没有收入,甚至不能保证基本的衣食住行。回想起创业初期的艰苦,贾跃成既辛酸又感动。困难时期,很多善良的朋友给予了贾跃成太多的宽容、理解和支持,由于资金困难,有时拖欠房东房租几个月,房东也不催促。部队生活磨砺出的坚毅性格,也使他一再咬牙坚持。转机缘于一个项目,当时一个动物园交通枢纽的保洁工作,需要开荒,市领导三天后要来检查,时间紧、任务重,客户给出的条件是:如果能按时保质完成任务,第二天就给支票结账;如果不能按时保质完成任务,一分钱也不给。当时 11 个单位竞标,无人敢接这个项目。贾跃成当时是和获鲁班奖的一家单位合作,凭着军人说一不二的气概,他说,我来做!然后就是两天两夜不合眼的奋战,其艰辛程度可想而知。任务完成后两个小时,市领导来检查,非常满意。从此以后,贾跃成和他的西贝隆声名鹊起,业务量大增。

这些经历,让贾跃成深深明白:人,主要还是要靠自己,靠别人靠不住。这份初衷与坚守,伴随着他将事业越做越大。

诚信为本,拓展业务

贾跃成深知,诚信是企业的生命,是企业发展的基石。因此他要求员工,每一项业务都要做到极致,做到最好。贾跃成明白,只有保证质量,才能获得消费者信赖,消费者认可了,创业路才能走得更长远。为了业务拓展,他在 2009 年注册了"北京邦多久洋环境工程科技有限公司",任董事长兼总经理,主要经营专业承包、园林绿化等项目。2010 年,他又注册了"西贝隆科技发展(北京)有限公司",任董事长兼总经理,主营清洁设备的营销业务。目前西贝隆已与国内外多家生产企业合作,销售多种产品,提供各种清洁设备。主要产品有专业／工业用吸尘机、吸尘吸水机、工业用中央集尘器、电烤炉专用防爆吸尘机、多功能擦地机、高速抛光机、抽吸式地毯清洗机、汽车美容专用清洗机和全自动洗地机等。其国际化高质量的产品,已深得广大客户的好评。

2008 年,贾先生被"北京市环境卫生协会"正式聘为清洁行业专家,2010 年被慧聪网评为清洁行业的专家。他多次被慧聪网提名为"清洗保洁行业全国十大风云人物"的候选人,先后成为"中国国际贸易促进委员会清洁服务商专业委员会"的副会长、"天津保洁协会清洁设备产品集中采购分会"会长、"中国商业企业管理协会清洁服务商专业委员会"常务理事等。

在意大利 UPSON 国际机构和香港诚信集团的鼎力支持、中央军委政治工作部首长的亲切关怀下,公司秉承军人"说到做到、要做就做最好"的风格,从清洁服务一个主营业务,拓展到了清洁设备的销售行业,很快占领了清洁设备的半壁江山,并且不断考察世界先进品牌,在产品销售方面引进了各价格梯度的系列产品,以更专业的水平推广给每个客户,让客户在选择产品时物有所值,目前已服务了数千家客户,深得客户好评。同时公司提供优质的售后服务,在设备维修方面实现了 24 小时到位,并增设了设备保养体系,从源头上降低了设备的故障率。

军人本色,让贾跃成无论是面对客户,还是面对员工,都时刻铭记自己担负的责任,展现出了良好的职业素养,在保洁行业赢得了众多合作伙伴的信赖。目前公司清洁保洁服务与保洁设备经销两条腿走路,两套业务相辅相成、互相促进,使得西贝隆是风生水起,事业已越做越顺、越做越大。

诸多名誉加身并未使贾跃成沾沾自喜,止步不前,他而是更加努力,坚持初心,诚信服务。如今的西贝隆,在火车站物业保洁这一领域已经形成了自己独特的方案,在烟罩保洁方面也是领先水平。诸多国家机关(国家博物馆、全国人大、北京市人大、国家气象局、国家电网、中国人民银行、中央后勤基地等)、医院(中国人民解放军总医院、肿瘤医院、协和医院等)、工厂(北京奔驰、立邦等)、酒店(万豪、国宾、亚泰等)都与西贝隆成了长期合作伙伴。公司以最优质的产品和最热诚的服务,树立了良好的企业形象,获得了广大客户的认可。

用人有道,管理有方

军人本色,使得贾跃成具有极大的人格魅力与亲和力。他对待公司员工就像对待好朋友一样真挚,这也是贾跃成事业顺利发展的一个不可或缺的因素。他的团队,采用的是半军事化的管理,对员工严格要求,工作标准细化到了每一个细节。但他自己从来都不越级管理。"我在什么位置上,做好我应做的事即可",这种成熟的观点足以彰显贾跃成的睿智。贾跃成对员工像家人一样照顾有加,时刻关心员工的工作,强化员工的服务意识,注重员工的职业素养,并经常组织员工进行拓展训练、旅游,各项福利十分丰厚。公司每位员工都是从基层一步步做起的,但是对于有能力的员工,也会像部队一样,破格提拔,不拘一格用人才。

贾跃成对员工的充分信任,使员工的归属感十分强烈,都将公司看作是自己的家。这样的团队,怎能会不飞跃发展?贾跃成胸怀广阔、充满自信的风采也传递到了每一位员工的心中,使得公司内部形成了互相信任、互相包容的风气,公司就是一个大家庭,贾跃成就是这个大家庭的大家长,一家人在一起,齐心协力,共谋发展大业。通过全体成员的不断努力,公司连续两年被评为全国十强清洁设备行业优秀企业。

与时俱进,精益求精

贾跃成的保洁公司已经在同行业中名列前茅,但他并不满足于现状,而是继续开发公司潜力,在保证现有服务质量的基础上,进一步进行清洁产品的研发与开拓。随着西贝隆自身的不断发展及市场的千变万化,贾跃成已将优质的服务嫁接到了清洁设备的销售之中,并代理了国外高端品牌,设备销售成绩也十分突出。这与贾跃成给消费者提供高品质服务的创业理念是分不开的。清洁保洁设备的出现极大地帮助公司提升了清洁保洁工作的效率,而清洁保洁工作的提升又促进了清洁保洁设备的发展,二者相辅相成,相得益彰。虽然其发展还需要一定的时间,但贾跃成坚信,在原有业务发展稳定的基础上,向外扩展更多的相关事业,公司一定会得到长久稳定的发展。

对于公司未来的,贾跃成有着明确的目标与规划。首先是把单一专项做得更好更强,其次在服务质量上不断提高,引进专家进行专业培训。他始终坚信,任何一个行业做到极致,就是杰出。他的企业文化一直是这样宣传的:

"我们的承诺:您的满意才是我们的满意!

我们的今天:全凭客户过往的支持!

我们的未来:继续全方位的服务!

我们的坚信:做到专业,就能做到最好!

我们的产品:质量保证,服务一流!"

军人本色,军事化管理,最优质的服务,带来了西贝隆的飞速发展。对于走在创业路上年轻人,贾跃成说机会与风险是并存的,抓住机会,勇往直前,不怕磨难,以诚信经营事业,优质服务,定能取得成功。我们也相信,在贾跃成这位铁血军人的带领下,西贝隆的明天会更加辉煌。

（张　颖）

"一带一路"之下的创新领袖

——访青岛恋宠网络科技有限公司董事长匡永仕

他,是万众创业里的佼佼者,创业与创新并重,在极短的时间内成为行业里的标杆。

他,一个充满传奇色彩的"创业领袖",懂得抓住机遇,善于运用自己的头脑和双手创造财富,是实干家,更是创业家。

他,为己更为人,运用十几年互联网行业与宠物行业的从业经验,在成功引进各类创新型服务载体及先进的科技理念后,专注高科技技术的投入和研发,设立研发中心,引领各地创业者在创新的道路上共同前进。

他,作为"一带一路"成员国中方代表,致力于将"一带一路"建成创新之路。

他就是青岛恋宠网络科技有限公司董事长,一位富有魅力的商业巨子匡永仕。

想方设法为创新

随着"一带一路"国际合作高峰论坛的召开,科技创新已经渗透到人们生活的方方面面,改变着人们的生活,成为人们的依赖。因此,对于创业者来说,身上背负的重担和压力不言而喻。

创业经验已经有十多年的匡永仕,在科技创新的路上依旧走得如履薄冰。

2016年成立青岛恋宠网络科技有限公司之前,匡永仕没有接触过互联网,也没有用过智能手机,对于新科技更是一片空白,可就是这"无知者无畏"的状态,让他在互联网 + 闯出了一片天地。

这一切来源于一个偶然的契机,从没有接触过移动互联网,也没有用过智能手机的匡永仕看见别人在使用智能手机,新鲜的东西一下子引起了他的好奇心。他观察到对方用手机不仅可以免费发语音、发视频,而且很多软件下载后竟然可以免费使用,这勾起了他极大的兴趣。他当时在想,这不正是用户所需要的吗?他知道这绝对是一个巨大的商机,该怎么抓住这个机会呢?

他担任过十多年的帝豪养殖专业合作社的理事长、胶州宠物行业协会的会长,如果按照商业思维来分析,那时候他就已经进行了宠物行业与互联网行业先进服务载体与经营理念的原始积累。他非常清楚宠物行业存在着很多弊端与不便利等问题,但是一直不能得到很好的改善。这时,他突然灵光闪现,何不如搭建一个把宠物行业与移动互联网相结合的渠道,为用户打造一个专业化、一体化的服务平台?

宠易家 APP 应运而生。他计划通过宠易家打通本地化、专业化服务链条并且逐步开展全国市场的业务,在引领绿色产业链的同时,为每一位爱宠者找到家。

决定做一件事情的时候,困难随之而来,人员的招聘、项目功能的实现,包括项目后期的完善都是非常棘手的问题。但匡永仕丝毫没有退却,"既然选择了远方,便只顾风雨兼程",他和并肩作战的员工们,积极采取措施,最终他斥巨资打造的宠易家 APP,很快受到爱宠人士的青睐,不光由于它广阔的涵盖面,还有它产业化、专业化、智能化、一体化的互联网服务平台,让用户随时随地了解有关宠物的资讯,并方便宠物爱好者交流活动。

用匡永仕的话说,"要么不做,要做就做到极致。"这也一直是他秉承的人生信念,他眼中的世界,除了成功,就是失败,没有中间地带。

随着近几年互联网的飞速发展,让很多传统行业和传统广告备受冲击,匡永仕看到身边商户商家生意不景气、效益不好等问题,他开始在心里又萌生出做一个新型互联网广告平台的想法。

由于宠易家 APP 的经验积累，这次推出的炸街推广 APP 以更加快速地投放市场。因它颠覆传统广告模式，只用一部手机，就能随时随地为客户带来不可预估的客流及经济效益。不出意外，引起了极大的反响。

他所做的这一切都是为了用户，为了创新。匡永仕怀揣着对互联网研发的激情，对国家创新创业事业的坚定追求，永远站在时代的浪尖上。

煞费苦心为创新

发展到目前为止，公司设立的已经有市场部、技术部、编辑部、人事部，后续团队还在持续扩张之中。对于员工的选择，匡永仕一直致力于培养优秀年轻精英。他认为，经营一家公司，核心人才是最重要的，如果没有优秀的人才，公司将无法运营下去。

为此，他不断地输出互联网高新项目平台，供世界各地人士学习、交流，着重培育优秀精英，激发更多人的创新潜能。他希望借此机会能够为"大众创业，万众创新"贡献自己的力量。

为了推进"大众创业，万众创新"，匡永仕煞费苦心。

日前，作为"创业领袖"的匡永仕应邀参加了 CCTV 联合商务部举办的"一带一路"政策高峰论坛座谈会，见证了巴拿马与中国正式建交的历史时刻。秉承亲、诚、惠、容的周边外交理念，他还以成员国中方代表的身份与各成员国代表开展"一带一路"创新项目的研讨，并进行亲切友好地交流，将"一带一路"的核心思想价值传输给各成员国，为各国间增进政治互信、深化经济合作及创新文化交流注入了强大动力。

在此环境下，匡永仕提出："优势产业与精英人才，彼此融合才能打造新型合作模式及多元合作平台，这两者缺一不可。为此，我们要平等开展科技经济创新,为创新创业共同体的建设打下坚实的基础,提升创新资源配置能力,为创新创业发展营造良好的外部环境,从而使中高端人脉资源圈向高精尖人才智慧圈演变,积极打造和建设共享型国际创业'生态圈'。"

他很快把这些话落到了实处。

他着力创建特色创新园区,为科技研究提供保障;着重优化现有服务业态与运营机制,提出"轻资产重服务"的运营理念;以"创客 + 孵化 + 创投"为重点,打造创新创业新风向标,推动大众创业,万众创新。

在"一带一路"会议成功召开之后,匡永仕看到各国的相互联系、相互依存程度不断加深,创新创业共同体建设将成为国际优先领域。他决定以全球视野来谋划和推动创业合作,加快国际科技相关创业项目的资源整合,驱动产业链的科技成果转化,破解"技术孤岛"的困境,提升中国在沿线国家的亲和力以及陆海内外联动的全面开放新格局。

他竭尽全力塑造创新文化,建设良好的社会创新环境,希望未来有一天,世界上会有更多新型的科技创新应用到人们的生活之中,提高人们的生活质量。

无私无畏为创新

采访到最后的时候,匡永仕补充道:"我并不一味地追求创业创新,在创业创新的同时,我也非常重视企业的诚信。诚信是做人之本,它代表着企业文化,也是企业的核心价值观。"他一直秉承以诚信创造财富的理念,对员工的要求也是诚信务实,创新进取,唯才是用,以才谋财。他始终坚信,只有诚信才能超越自我,与时俱进,创造价值。

企业在创新的同时应该以诚信为先,这是立身之本,匡永仕看重的是公司的长远发展,这也是他一直能够把企业发扬光大的重要原因。

几十年的创业拼搏,创新挑战,让匡永仕对未来的道路无惧无畏。对于未来的规划,匡永仕计划把成立的项目从区域推向全国,在不久的将来世界各地都会有分公司。

面对笔者,他感慨道:"人生中最艰难的是选择;工作中最困难的是创新;生活中最苦恼的是委屈。"只要选定一件事,他就会一心一意地做下去,不抱怨,不后悔,一步一个脚印地往前走。

现在创业创新大潮来临,许多年轻人快速地投入其中,匡永仕认为这是一个好现象,让"一带一路"更快地实现创新之路。但是创业并非儿戏,也绝不是一时的心血来潮就可以,它需要有吃苦精神、足够的能力和丰富的资源,最重要的要有好的团队和合伙人。当这些全部满足的时候,创新又是对创业者的一个更高的挑战,创新需要一定的灵感,灵感并不是说来就来,它来自于长期的积累与全身心的投入,当然,没有积累就不会有创新。

如今科技正在影响着人们的生活方式,匡永仕想到了穆勒曾说过的一句话"此刻一切完美的事物,无一不是创新的结果。"他将以持久的创新服务理念,为中国的互联网创新事业做出贡献。

(张 颖)

仁心仁术 "鹊神"确神

——访河北鹊神商贸有限公司董事长李秋生

河北内丘,原是战国时期神医扁鹊行医采药之地,也是扁鹊中医药文化的发祥地,故有"中国扁鹊文化之乡"的美称。绝代神医扁鹊利用高超的医术悬壶济世、治病救人,其独创的"望、闻、问、切"四诊,开创了中医诊病的先河,他利用砭刺及热熨之法救活虢国太子的事迹更是传为美谈。内丘作为华夏中医鼻祖扁鹊的生前封地、死后葬地和医学成就形成地,有着丰富的历史文化遗存、大量详实的故事传说和广泛的群众文化传承。

钟灵毓秀,人杰地灵。险峻巍峨的太行山,自古就是藏龙卧虎之地。扁鹊于太行山深处行医采药,其事迹通过世代相传,逐渐形成了一种底蕴深厚、内涵丰富的扁鹊文化。源远流长的中医药文化滋养着内丘人,培养了诸多拥有仁心仁术的医者。李秋生便是其中的一位。

传承:扁鹊精神 从未失落

出生于太行山脚下一个小山村的李秋生目睹了村民们因缺医少药而饱受病痛折磨的窘境,他从小便以扁鹊为榜样,立志悬壶济世。他热衷于中医药学,从小便随父亲在太行山行医采药,开始了中医传承之路,父亲的言传身教不仅使他学会了中草药的种植技术和炮制方法,还掌握了中草药的药性和配伍以及诸多偏方和秘方。为了更系统地学习医术,他离开大山,去内丘卫生学校继续学习。父亲的倾心教导和学校的系统化学习使李秋生的医术渐长,他没有忘记自己学医的初衷,走出校园后,他又走进了大山。

读万卷书不如行万里路。回到家乡之后,他继承父亲的衣钵,将所学医学知识付诸实践,成为山里最年轻的医者,在太行山下为贫苦的百姓施药治病。行医之初,拥有年轻面庞的李秋生并不被村民认可,毕竟,懂得望闻问切的年轻人凤毛麟角。时间是检验真理的唯一标准,不久,这位精通切脉、针灸、汤液的年轻人能治好病的消息便不胫而走,他的医术得到了村民的认可,当地百姓都称其为——"鹊(确)神"。为老百姓看病之余,他还钻研中草药方,从历史和民间流传的药方中寻找治病救人之药。

山间行医、治病救人虽是李秋生之志,然而生活拮据的村民们很少有余钱看病,纵然李秋生慷慨行医,但是生活总是要继续,他不得已又走出大山,为了生计在一家医药公司做销售。身在闹市,心在山村。尽管销售工作忙碌不堪,但他还是会在工作之余去山村为村民施药治病。从 1988 年至 2013 年的二十多年间,他走遍了 1100 多个村庄,义务为村民治病,在民间搜集、整理、归纳验方秘方 800 余剂,为中医药的发展贡献了自己的一份力量。

弘扬医学精髓,传承扁鹊精神。扁鹊之所以为世人所称赞,是因为他用毕生的精力致力于医学的研究与实践,独创了"望、闻、问、切"四诊法,还利用针灸、砭石等方法为人治病,为了解决百姓的病痛,把一生都献给了伟大的医学事业。李秋水年少立志,随父亲悬壶济世,为穷苦的村民治病;学医于卫校,不忘初衷,走进大山,为贫者慷慨诊治;纵为生计干销售,也心系村民,义务施药治病,研发治病救人之方。

积淀:中医养生 独创原理

尽管经过多年的诊疗实践,李秋生的医术愈发精湛,但是独木难支,他一个人的力量只能让一部分人摆脱病痛。为了让更多的人得到治疗,已经身为副总经理的李秋生思忖再三,决定辞掉医药公司的工作,建立一个能够让更多人受益的平台。2013 年 4 月,李秋水在香港注册了扁鹊国际健康产业集团,同年成立了全国首家扁鹊中医药文化传承企业河北鹊神商贸有限公司。公司传承中医精髓,造福人类健康,是一家集中医养生、保健品、连锁、商贸及电子商务等于一体的多元化创新企业。

创新是企业发展的关键。经过 3 年的不断试验和研究,李秋水和他的团队成功研制了针对慢性疾病及亚健康人群调理的绿色纯天然扁鹊砭石能量泥。该产品含有大量对人体有益的元素,无副作用。为了使产品功效得到充分发挥,公司独创了"扁鹊砭石能量泥"绿色疗法,用于调理风湿骨痛、肠胃不适、妇科疾病、男科疾病、肥胖及糖尿病等多种疾病。除此之外,公司还研发了一分钟诊断疼痛疗法、罐疗罐诊特色疗法等多种健康养生疗法,通过外治法治疗疾病。

作为扁鹊中医药文化传承企业,在向民众推广养生绿色产品的同时,李秋水还将医学知识传授给他们,免费为他们治疗。公司致力于打造自己的品牌,建设中医调理连锁机构,弘扬中医文化,传承扁鹊精神。多一份良方,少一份痛苦,公司大量研发药方,用绿色疗法治疗疾病,推广扁鹊中医药文化。

创业艰难百战多。创业并非是轻而易举、一蹴而就的事情。一个品牌的建立必然要面临诸多困难,尤其是作为一家关乎民众健康的企业,公司不仅要面对产品研发和公司宣传力度不足带来的压力,还要面临资金不足、盈利甚微的窘境。为了研发良方,李秋生和他的团队常年奔走于山间,寻求偏方、秘方;为了加大宣传力度,公司利用口碑 + 媒体的方式增强企业影响力;为了弥补资金不足,公司在香港挂牌上市,将扁鹊文化向全世界推广。

得道者多助。随着国力增强,"医随国运"也迎来了复兴的时刻。李秋生带领企业大力弘扬扁鹊中医药文化,把扁鹊悬壶济世、乐于救人的精神及扁鹊中医药文化传承下去,此举得到了当地政府的大力支持,相关领导也特别重视和支持李秋生对扁鹊中医药文化的传承,在扁鹊文化的传承和企业的发展中起到了非常重要的作用。

感恩:医者仁心 扬正能量

大医精诚。目前,中国的医药行业发展略显混乱,造成小病大治、大病昂贵治疗,因病返贫的现象屡见不鲜,利益的驱使更是使得部分医者丧失医德。而作为医者,本该具备谦虚自省、人不知而不愠的医德和实事求是、淡泊名利的医德。李秋生在太行山深处行医二十几年,奔走于乡间,不求名利,只为让患者摆脱疾病的困扰;创立河北鹊神商贸有限公司,倡导中医健康养生,以外治法治疗疾病。李秋生兼备良好的医德和精湛的医术,真心诚意地解患者之病痛。

受益于社会,亦奉献于社会。李秋生将扁鹊治病救人之方同中医养生之道结合,以"弘扬中华民族医学精髓,继承医祖扁鹊中医文化;传递扁鹊民间验方秘方,解除人体病魔绿色疗法"为己任,研发绿色健康的产品回馈社会,回馈中医药文化事业。为了向社会传播正能量,将中医药文化发扬光大,公司开展扁鹊中医药文化培训百余场,建立扁鹊中医药文化传承志愿者工作站80余个,招募志愿者500余名,做大型慈善活动10余次,使更多人了解中医药文化并从中受益。

现在是"大众创业,万众创新"的时代,企业若想获得长远发展,就必须兼顾民众、社会和国家的利益。李秋生通过企业向社会宣扬中医养生之道,以绿色健康的疗法治疗疾病,不仅为患者解除了病痛,还以自身的发展促进了社会的进步。

医者仁心,为了让国人拥有健康的体魄,李秋生呕心沥血,将搜集的民间药方同我国的中医药文化相结合,创立独特的中医健康养生之道,以外治法治疗疾病,向民众传播中医药文化;医者当有仁术,二十几年的行医经历让他成为受人尊敬的"鹊神";作为一个企业的创始人,李秋生常怀感恩之心,既兼济贫者,又向社会传播正能量。未来,李秋生将继续将扁鹊精神传承下去,将中国的中医药文化发扬光大。

(张 颖)

徜徉木业世界 传承工匠精神

——访安徽富煌木业有限公司执行董事长兼总经理李世国

如今已成为董事长的李世国,是世人眼中的成功人士,是员工心中的创业英雄,是政府称赞的优秀企业家,是同行争相学习的标杆……可就是如此闪耀着光环的他,曾经也只是一个出身农村的穷小伙,没有任何背景,完全靠自己的双手白手起家,其人生经历坎坷而富有传奇。

当他决定转行创业却遭到反对和质疑时,当企业发展缺乏资金时,当他为了工作披星戴月、日复一日地加班时,他没有选择退缩,而是坚定地坚持自己的梦想,并沉下心钻研,一步一个脚印地前进。李世国一路走来,所历经的各种酸甜苦辣,只有他心里最清楚,但他把这些经历当作自己的财富,同时也是成功的密钥。

而他除了是一个勇于追求梦想、具有开拓和冒险精神的斗士以外,还具有工匠精神和创新精神,其公司不仅对产品质量精益求精,还创新性地开拓美学整木定制市场,从而使目前的安徽富煌木业有限公司已发展为行业标杆,当然,这成就背后凝聚着他无数的心血和汗水。

扬帆起航 坚持梦想不言弃

作为 70 后的李世国是东北人,出生于农村。虽然他出身贫寒,但寒门多贵子,李世国从小就很有志气,学习十分努力,皇天不负有心人,最终他以优异的成绩考上了大学,实现了鲤鱼跳龙门的跨越,靠自己的努力改变了命运。

而在大学毕业后,他应聘到东北一家大型企业——长白山酒业工作,工作稳定,福利待遇也不错,这份工作一做就是四年。工作期间,他没有满足于现状不思进取,而是主动一边工作一边学习提升,积极自学管理知识、参加管理类相关培训,不仅丰富了自己的知识储备,更是开拓了眼界,结交了一些企业高管和政府工作人员。李世国告诉记者:"要说收获,这期间我最大的收获就是无意间洞察到木制行业的发展前景和装饰界的发展趋势,于是大胆决定从事这个行业。"

从酒水行业转行木制业,从稳定的工作到大胆创业,李世国的决定是突然且转变巨大的,这一决定乍听之下是多么的富有冒险性。所以,当他告诉妻子自己的这一想法时,立刻遭到了妻子的强烈反对,妻子的理由是他完全不懂木制行业,何谈创业?妻子认为放弃已有的轻车熟路的稳定工作,反而进入一个陌生的行业创业完全是不理智、不明智的选择。但李世国知道,他并不是一时头脑发热心血来潮,而是非常坚定自己的想法,他认为,不仅酒水与大家的生活息息相关,木制行业更是与所有人都息息相关,只要买房子就需要装修,而随着老百姓的生活水平越来越高,需求也会越来越大,他坚信木制业有广阔的市场前景。

于是,面对亲人朋友的质疑和反对,他毅然坚持梦想不言弃,坚定地走上了创业的道路,这一干就干到了现在。他用取得的成就,用事实证明了他当初的勇敢选择是正确的。

砥砺奋进 踏上创业之路

2005 年,李世国开始创业,于 2006 年创立了安徽富煌门窗有限公司,从此开启了他辉煌的创业历程。

自公司创立以来,李世国专注于木门生产,他一方面严把质量关,从选材到生产都精益求精,亲自核验产品质量,秉承绿色环保家装,得到了消费者的一致认可。另一方面,他讲诚信、守信用,不仅积极打造企业诚信体系,不拖账不欠账,让合作单位"信得过",而且对自己的员工也言出必行,例如,每月10号雷打不动地按时发工资,绝不拖欠。这些正确做法使得公司得以迅速发展,在工程项目上与国内多家大型房产公司都建立了长期战略合作伙伴关系,如恒大地产、安徽徽商集团、北京华远房产、招商地产、中海地产、绿城集团、万达地产、万科地产、香港中新集团等。

虽然取得了一定成绩,但李世国不骄不躁,因为他深知,企业要想长远发展,就必须能留住人才,能培养人才。所以,他非常重视人才队伍建设,不仅为自己的员工制定了清晰的职业晋升规划,达到人尽其才的目的,还积极与大学合作,每年适时引进大学生人才,作为公司发展的储备人才进行培养,从而达到为公司输送新鲜血液的目的,目前公司团队拥有300名左右优秀员工。

而经过多年呕心沥血的苦心经营,目前富煌木门已成为我国木门行业最具价值和影响力的品牌之一。但是,李世国并没有停止自己前进的脚步,而是以具有前瞻性的目光又开始开拓新辉煌。

传承工匠精神 进军美学整木定制

2017年对李世国来说,是不平凡的一年,也是他人生的一个重大转折点。因为在这一年,为进一步满足人们日益追求品质化、个性化、一站式消费服务的市场需求,以及转变目前木业单一化产品行业经销商进入严冬期的现状,李世国再次做出了一个重大决定,即进军美学整木定制,传承工匠精神,以品质为依托的同时,吸纳国际流行的时尚元素,融合东方文化的审美取向,致力于打造工艺精湛、设计别致、外观华美、坚实耐用、价值尊贵的整木定制产品。

虽然他的想法是前沿的,具有创新性和前瞻性,但面对巨额的投资及未来的不确定性,他再次遭到了亲朋好友的反对。幸运的是,这时候,安徽富煌钢构股份有限公司的杨俊斌董事长无条件地支持他、鼓励他,给他提供了物质和精神双重力量支持。所以,当提到杨俊斌时,李世国对他的感激之情溢于言表,声称他是自己最尊敬、佩服的人。

2017年2月,李世国重新注册成立安徽富煌木业有限公司。公司位于全国五大淡水湖——巢湖之滨,省级开发区——合肥市居巢经济技术开发区富煌工业园内,紧临国家级滨湖新区。李世国斥巨资新建占地面积200亩的生产厂房,全套引进全球最先进的产自德国和意大利的全自动生产设备,生产能力提高100多倍,建成了国际一流、亚洲第一的生产线,为富煌木业的未来发展注入强劲力量。同时在拥有十多年木门专业定制的基础上,产品结构向美学整木定制家居产业领域延伸,进而形成了以高档实木门产品为核心,地板、楼梯、柜体、酒店家具和办公家具等产品多元化的产业格局。

李世国介绍,安徽富煌木业有限公司的明星产业就是美学整木定制,是以节能减排、环保绿色为宗旨,以推进整木行业定制化发展为使命,倡导美学和个性化的定制理念,专注于每个整木产品的实用性、艺术性、人性化的完美融合,致力于打造国内外领先的整木家居服务运营平台,以满足广大消费者日益提高的对整木定制家具一站式服务的需求。而为了更好地推介私人美学整木定制,李世国还邀请无论是荧幕形象还是艺术修养都与富煌品牌形象相互契合的影视明星梅婷担任形象大使,以期将富煌木业绿色环保的产品理念通过其影响力传达给更多的消费者。

作为一家集设计开发、生产销售、安装服务、品牌运营为一体的大型现代化、智能化木业制造企业,在李世国的带领下,安徽富煌木业有限公司正阔步前进,以新姿态迎接新挑战。而无论李世国取得多大的成就,他从不曾忘记作为一个企业家的社会责任,多年来,他积极配合国家相关部门为解决社会再就业问题,解决精准扶贫问题及希望小学建设问题出力出汗,回馈社会,造福一方。

对于未来,李世国满怀信心,因为他前进的步伐不会停下,终有一天,他会

让富煌成为安徽的代名词。这是一个有理想、有抱负的人的豪气宣言,期待他的
这一理想早日变为现实图景!

(张 颖)

沂蒙山区的"新农人"

——访山东世外桃源农业发展有限公司董事长刘元强

春秋时期的道家创始人老子在《道德经》里提到:"上德不德,是以有德,下德不失德,是以无德。"意思是具备"上德"的人不表现为外在有德,实际上是有"德";具备"下德"的人表现为外在的不离失"道",实际是无"德"。在山东沂蒙刘元强和他的团队正是秉持着"农德精神?重在雕心"的信念,一步一步地将"桃本桃"品牌做得远近闻名,仅用一年多的时间,便把纯天然、无添加、无污染的"桃本桃"销售了 500 万元。让我们走进沂蒙深山,了解这个由 80 后主力所组成的"新农人"优秀团队。

开荒破土育桃林

1981 年,刘元强出生于山东临沂,是个土生土长的沂蒙山人。1997 年,16 岁的刘元强初中毕业后,为了减轻家里的负担而选择外出打工,家里除了务农的父母,还有两个正在读书的弟弟。"打个不恰当的比喻,我们家遇到了'三个和尚没水喝'的问题,我是老大,只能是我去挑水了。"刘元强憨笑着回忆道。

1998 年,刘元强跟着亲戚跑客运,需要走南闯北,忙的时候别说睡觉,连吃饭喝水的时间都没有,可是为了父母和两个弟弟,再累再苦刘元强都咬着牙坚持。7 年时间刘元强跟着亲戚辗转各地,用他自己的话说:"我觉得那 7 年我是用一种另类的方式游了一遍中国。"生活本就是负重前行,任何工作都有辛苦的一面,而搞运输的辛苦也只有刘元强自己知道,7年刘元强吃够了苦,也学到了不少东西。

2005年刘元强东拼西凑了6万元,在城里租了100多平的店铺,做起了家具代理生意。这一做就是10年,因为刘元强天生本分、忠厚、老实,家具生意做得风生水起,口口相传,刘元强由当初一个借债经商的愣头小子逐渐成为一个沉着冷静的生意人。刘元强回忆说:"这10年我老实赚钱,不偷工减料,一步一个脚印越走越踏实。"

2012年,就在刘元强家具生意做得有声有色时,他选择开辟一条新的道路——创建果园基地。刘元强心中的想法刚表达出来就遭到了家人的反对,放着安稳的生活不顾非要重新创业折腾,要知道承包500亩荒山刘元强不得不抵押家里的房产。笔者采访刘元强时,才知道他坚持回到农村创业的原因,别人眼里的"一意孤行"其实是刘元强的一个新梦想——建设家乡。乌鸦反哺,羔羊跪乳,沂蒙山养育了刘元强,他想通过自己的努力造福农村,一方面为了家乡人能吃到纯天然的食品,另一方面为了帮助无法外出打工的留守村民致富,刘元强咬牙承包了500亩荒山。

2012年1月,刘元强开始对荒山进行清理,由于荒山是未经开垦的土石山,土层中遍布着大大小小的石块,无法用来种植任何农业作物,他立刻马不停蹄动工开垦,翻一遍山筛一遍石块,再翻一遍山,再筛一遍石块……用两年多时间,终于将荒山浅层的石块逐个清除。"天道酬勤,从2012年到2013年,我们用镰刀锄头一步步把500荒地开垦成了种满桃树的宝山。"刘元强一边说一边向笔者展示满是老茧的双手。

土地的问题已经解决,接下来就是寻找最优质的树苗。"我没有直接移植现有的桃树,而是带着村民深入沂蒙山,寻找品种最纯粹的野生山桃苗。找了整整三个月,终于找到了。"从挑选树苗到种植株距,从果树嫁接到日常的修剪,每一件事刘元强都亲力亲为,每一棵树都亲自察看。为了让桃树更好的生长,他探访了沂蒙山几乎所有的桃园,请教了当地不少农业专家,走遍十里八乡去打听拜访有几十年种植经验的老农。

桃本桃的"舌尖艺术"

桃山地处蒙山山脉北部,地理坐标为东经 120°,北纬 35°。西侧就是被誉为"天然氧吧""超洁净地区",成为"中国最佳绿色健身避暑旅游胜地"的国家 AAAAA 级景区蒙山国家森林公园。暖温带季风大陆性气候,四季分明,光照辐射强,地质结构比热容小,由于地势高,昼夜温差普遍较大,大大增强了果实糖分积累和果香的酝酿,种出来的桃子自然香甜可口。

天时、地利已经具备,经过刘元强多方打听和学习,在施肥、灌溉、嫁接、修剪、留果的标准上,完全按照祖辈留下的古法种植方法。所谓的古法种植就是为了让桃树自然生长,采用 4M x 4M 的种植株距,结合山地自然的高度落差优势,让每一棵桃树都能充分吸收养分、水分,享受山风和阳光的沐浴,最重要的是"单枝挂单果"的限量生长,用牺牲 70% 的桃子产量,来换取桃树自身抵御病虫害的能力。综合下来,每亩地只保留桃树 3 株左右,每棵树盛果期只保留 60 至 70 个左右的桃子,全部有机种植。

就像额定负重 1 吨的汽车,却载了 5 吨货物,一定更费油、更容易坏,更容易出事故。而桃树的生长也得遵循这个自然原理,限定产量使得桃树能获得更好的休息,大大提高了桃树抵御病虫害的能力和桃子的品质。"我们严格控制产量,一棵 5 年树龄的油桃,正常状态下能结 2800 个桃子,但是我们经过 5 遍人工筛选,最后只保留 100 个,这是为了保证每个桃子能有充足的养分。"刘元强解释道。

为了桃子成熟的口感甘之如饴,刘元强从不施化肥,只有在桃树结完果后上一次月子肥,用的是自家发酵的天然豆粕。除草也不用除草剂,虽然山上野草非常茂盛,但刘元强依然坚持人工除草,割下来的草就覆盖在桃树根部和周围,这样既能给桃树提供养分,又能保持土壤的水分和松软。刘元强还找来了农业部有关专家检测土壤,结果显示土质结构为棕壤,松软肥沃,土壤 PH6.45。"理论上桃树最佳的生长土壤环境为 PH6.5,而我们的种植园几乎达到了理想的土壤 PH 数值!"刘元强自豪地向笔者展示检测的数据。

2013 年 3 月,果园第一批山桃树苗嫁接成功。为了桃林能早日结果,刘元强几乎投入了所有积蓄,在荒山上种植了 1 万余棵包含 7 个品种的桃树苗。为了方便灌溉,整片桃林采用地上水浇灌。至此,这座山承载了他全部的信念——种出最好吃的桃子,带领农民致富。"我们种植园的工作人员 80%都是村里的贫困户,平均年龄在 60 岁左右,既没有能力外出务工,在家种地也没有多少收成。"刘元强想通过自身努力,让这些贫困户通过种植或打工脱贫致富。

"三个皮匠"顶诸葛

2015 年 3 月,李克强总理在政府工作汇报中首次提出"互联网 + 农业"概念。在国家的号召下,依托沂南瑞丰果品种植专业合作社,沂南县第一家互联网 + 农业性质的"三个臭皮匠(临沂)电子商务公司"诞生了。同年,刘元强的桃园第一批桃子成熟了。"桃林只出产了 8 万个桃子,价格是市面上桃子价格的好几倍,大家都觉得我们疯了,没人愿意买。我们先送了一批给亲朋好友试吃,反映都说是几十年来吃到的最好吃的桃子,于是又来向我们买,复购率达到 95%。"

结合"互联网 +"的思维,刘元强、王高峰等 4 个 80 后年轻人组建了三个臭皮匠电子商务公司,给自己的桃子起名叫"桃本桃",并设计出个性的"桃本桃"品牌形象。"怀着一份对自然敬畏之情,我们给自己的桃子起名'桃本桃',因为我们想告诉大家,桃子就是桃子,就应该是最原本的味道。"刘元强真诚地向笔者解释品牌的来历,"我想通过这样品牌化的种植管理销售模式,认真做好产品,同时也能带动农民创收。这是我的愿望,也是我的责任。"

桃本桃的特点与普通桃子相比,较为独特,自然状态下生长的桃子个大,果形正、色泽新鲜红润,外表光滑细腻,口味酸甜适口,咬一口细脆津纯,清香蜜味,且果肉香甜,纤维少,质地细,果汁含量丰富,果糖含量高。桃子除了甜,还有非常美妙的独特口感,这是桃本桃最独特的地方。果香的物质主要包括酯类、醇类、醛类、萜类和挥发性酚类物质。天然果香分子密度小于水,所以会迅速在喉头鼻腔每一个味觉感应细胞迅速融合,所以桃本桃入口会有非常明显的天然果香。

通过网络销售,刘元强和他的合伙人王高峰都体会到,桃子种好了,关键还得有好的销售渠道和销售方式,靠商贩的批量收购、零卖等传统销售方式,桃子再好也不会有好的收成。做好优质蜜桃产业必须依靠电商,利用互联网进行销售。据统计,推出"桃本桃"电商品牌以后,2016 年订单达到 30 万元,2017 年的客户将稳定达到 6000 余个。截至 2016 年 7 月中旬,第一批油桃、蜜桃售出,销售收入达到 100 多万元。"许多订单我们都不敢接了,因为桃子都卖光了。"王高峰说,等到 2017 年销售季结束,估计收入能达到 300 万元。

"桃本桃"电商品牌带来了稳定的客户,打开了广阔的市场。刘元强又计划在把优质蜜桃产业做大做强的基础上,结合岸堤山区实际,发展当地农民种植小米、绿豆、核桃等产业,让贫困户用传统方式种植优质农产品,利用电商平台优势帮助贫困户网上销售,带动本村和周边村发展蜜桃 600 余亩、优质杂粮 300 余亩。"我们一方面建立自己的网上销售渠道,将贫困户的优质农产品推销出去,比如土鸡蛋可以卖到每枚 2 元、小米每斤 20 元等,比市场价至少要高出 30% 左右。一方面,继续流转周边土地,带动农民种植高端林果,采用分红等方式让贫困户受益。"王高峰介绍。2016 年,岸堤镇扶贫办计划将这个种植基地打造成"互联网 + 农业"示范园区,把种植管理、推广、物流进一步规范化,成为"新农人"的标杆,把经验传授给更多农民,带动农民脱贫致富及地方农业发展。采访到最后,刘元强说,种植出品质最好的桃子,不但是"农德精神"的最好体现,更代表了以"桃本桃"为代表的新农人"雕心"的过程。刘元强这个 80 后组成的桃本桃团队,由城里人到如今地地道道的农民,黝黑的肤色成为他们实现"新农人"梦想的印记。笔者想,"上德不德,是以有德,下德不失德,是以无德"这句话,正是对桃本桃品牌最真实的写照。

(张 颖)

军歌唱响新征程

——访竹根山泉水研发人、笙露天然山泉水有限公司 董事长刘忠德

融安县有"小柳州"的美称,山青水秀,民风纯朴。改革开放后,融安县委、县政府高度重视本地经济的发展。他们牢牢把握无农不稳、无工不富的经济发展思路,敢于创新,勇于创新,千方百计地推动着经济建设的进程,不断提高着人民的生活水平。通过几年不懈的努力,他们成功地引进了许多规模不小的工业企业,为融安经济的持续发展注入了新的活力。与此同时,有许多本地的企业家,在自己先富起来之后,没有忘记家乡,回来和乡亲们一起发家致富。刘忠德就是这些本地企业家中的一员。

退伍兵开拓新征程

"一二三四,一二三四像首歌……"刘忠德的前半生可以说是伴随着一首首铿锵有力的军歌,在他最爱的军营里度过的。从 1982 年来到部队,刘忠德就决心要把自己的一生交给部队,交给国家。在部队的这些年里,他对自己严格要求,不断提高自身素质和修养,取得了不少荣誉。即使早在 1988 年就被授予了武警中尉警衔,他也没有因此而沾沾自喜,仍然一步一个脚印,踏实地走在自己的人生道路上。

1994 年,因为国家的发展趋势和政策需求,刘忠德响应号召退伍,离开心爱

的军营,转业回到自己的家乡融安县。虽然部队给了他一定的补助,足够他平平淡淡地过完后半生,但他早已习惯了紧张而有序的军营生活,这样碌碌无为地生活下去,是他无论如何也做不到的。他在部队里待了 12 年,受到了良好的军事教育,因此他的人生观和价值观有着比普通人更加坚定而伟大的信念。即使不能在部队为祖国奉献,但他坚信在社会上他一样可以发光发热。

不经历风雨,怎能见彩虹

通往成功的道路都不是一帆风顺的。1994 年从部队转业回来的刘忠德,对社会上的人情世故一无所知。即便如此,他还是义无反顾地决定开始自己的新历程——下海经商,自主创业。没有任何社会经验的刘忠德,一切从零开始学起,一步一步地融入社会这个大课堂。他干过苦力,跑过销售,也跟别人一起合伙搞过房地产……有过成功,也有过失败。虽然这些都没有成为他后半生真正的事业,但种种经历都为他后来成功地研发竹根山泉水,以及如何管理自己的团队,积累了丰富的经验。

直到 2011 年夏天,刘忠德回家时的一次经历,让他真正找到了自己的目标。那天,他从南宁回老家看望年迈的母亲,母亲接过儿子递来的矿泉水喝了两口,就咂巴咂巴嘴说:"德仔呀,我觉得这瓶子里的水,还不如我们狮子岭的水好喝!"刘忠德想:是呀,海拔 1150 多米的狮子岭,离雅瑶街 15 公里,岭上是一大片原始森林,周围楠竹遍地,岭中就有一大股无污染、天然的山泉水,而且清凉甘甜,长流不息。母亲的一句话给了刘忠德创业的灵感。现在水污染严重,给老百姓的生活带来了许多不便,而就在广西就有这么好的天然水,我为何不开发出来与人们一起分享呢?

于是,刘忠德决定在老家开发竹根山泉水,这样既能照顾家里的老人,又能带领父老乡亲发展特色经济产业。

说干就干,先看看这水的成分如何。于是,刘忠德拿着一瓶家乡的竹根山泉水样品,来到了广西壮族自治区分析测试研究中心,让专家对水样进行分析。经过检测和鉴定,竹根山泉水中偏硅酸、锌、钾、锶等矿物质的含量达到或者超过我国天然饮用矿泉水标准,并且其含有钙、镁等多种有益人体健康的常量元素,属优质珍稀天然矿泉水。于是,刘忠德给这种水取了一个很有韵味的名字——"笙露",意思是希望大家走上生活健康之路,并申请了商标。不久,便注册成立了融安县笙露天然山泉水有限公司。

成功研发竹根山泉水

2012 年春,刘忠德开始了自己的创业之路。他找当地村民协商用地,找乡、村干部协调问题,找县土地部门规划、审批,只为开发狮子岭的山泉水。狮子岭远离生活区,他经过多次考察研究,找到了最好的水源地。2014 年初夏,他以承租的方式征得狮子岭脚下一片近 3000 平方米的土坡地,投资 1000 多万元用以建厂房、办公楼和宿舍楼以及租用机械、购买施工材料;不仅如此,他维修了被洪水冲毁的通村道路,赢得当地干部群众的一致好评。

2015 年,刘忠德在兴建厂房的同时,购买了一套自动化加工灌装山泉水的机械设备。此套水处理设备既能高效杀菌,又能完好保留水中原有的矿物质及微量元素。在反复进行水处理调试以及多次吹瓶试验成功后,经柳州市行政审批局评审核发了食品生产许可证。2016 年 3 月,公司正式投产运营,同时开通了桶装水和瓶装水两条生产线,日出水量在 300 吨以上。

"不瞒你讲,我卖了 20 多年的水,还是第一次见过这么好的水!"柳州市一家水专卖店的李老板对刘忠德说。那么,刘忠德研发的竹根山泉水的到底有什么特点呢?他告诉我们,他们研发的竹根山泉水的优势有以下几个方面:

(1) 所选择的水源绝对干净无污染。

（2）不含碳酸根离子，不会把人体需要的钙离子分离。

（3）用它烧水泡茶，壶或者锅永远不会生茶垢。

（4）竹根本身有清凉解热的功效，因此"笙露"自身带有一种清甜的口感。

（5）竹根能比阿斯匹林更好地阻止血栓形成，并且能降低人体血清胆固醇的水平，降低血小板的凝聚力，对预防心脑血管病有一定作用。

（6）长期吸烟者可多饮用竹根泉水，既可帮助肺部细胞排毒，又具有祛痰作用，可缓解吸烟引起的呼吸道发炎、痒痛等症状。

（7）竹根山泉水对体弱的病人、血管硬化和肾炎病人的康复有辅助疗效；可以帮助器官移植手术患者减少排异反应，促进早日康复；直接饮用竹根泉水，还有抗病毒的作用。

（8）研究表明，那些经常吃竹笋的人群，癌症发病率会明显减少。这主要是因为竹根泉水在竹子根部进行了天然过滤，含有丰富的抗癌物质白藜芦醇，可以防止健康细胞癌变，阻止癌细胞扩散。

刘忠德的初衷就是要研发出对人体健康、让所有人都喝得起的水，所以他的"笙露"价位定在 1~3 元。不久，柳州市内其他 7 家水专卖店也陆续和刘忠德签订了代销产品合同。一时间，竹根山泉水在柳州市迅速叫响，并辐射周边地区，走向国内各大城市。

踏上新征程

目前，刘忠德的天然山泉水有限公司共设立了近 20 个工作岗位，安排 30 多名当地农民工就业。如今，干劲十足的刘忠德打算在明年再引进一些设备，扩大生产，实现日出水量达到 400 吨以上。他还将利用家乡生态山泉水这一优质水资源，开发生产罗汉果、山豆根和勾藤等中草药保健茶或饮料；因地制宜，以"公司+基地+农户+互联网"的经营模式，抱团发展农业特色经济产业，为推动当地精准扶贫工作贡献力量。

刘忠德靠着自己的坚持与付出,换来了今天的成功与卓越。"听吧,新征程号角吹响,强军目标召唤在前方,国要强我们就要担当,战旗上写满铁血荣光。将士们,听党指挥,能打胜仗,作风优良,不惧强敌敢较量,为祖国决胜疆场!"这熟悉的旋律似乎又在心中响起。刘忠德虽然已不在部队,但他坚信,他会和他的"笙露"竹根山泉水一起,在新的征程上继续为祖国决胜疆场! (张 颖)

卢方民的奇幻漂流

——访山东快快送信息科技有限公司董事长
生鲜电商快快送网创始人卢方民

他毕业于山东艺术学院雕塑系,专业致力于艺术培训,经过他教的学生被输送到各名牌大学;

他还以体验式与智力开发为主创办北大幼教临沂园,致力于幼儿智力开发教育。

就是这样一个集才气与智慧的年轻人毅然决然选择了第二次创业。

他选择的,正是当下大时代的互联网行业,而他所创立的"快快送"使他从一个优雅的培训校长变成一个"卖菜的",而且,还将卖菜与卖水果做得有声有色……

他就是卢方民,一位极具艺术家气质的创业者。

文艺青年的文艺梦

人们都说,现今的时代是互联网 + 的时代,随着互联网相关技术的飞速发展,很大程度上改变着人们的生活方式。这种变化以极快的速度渗透进我们生活的方方面面,而以互联网技术为依托,催生了众多类型的互联网企业,每年有大量的资本以及无数怀揣梦想者涌入这一现在极其热门的行业。然而,能够真正在这个行业生存下来的从业者和企业却少之又少,往往许多企业都是"来也匆匆,去也匆匆"。优胜劣汰的丛林法则在这个行业里得到了做好的体现。

2013 年之前,互联网 + 企业间的风云变幻与卢方民并无半点关系。此前,卢方民的事业和互联网 + 毫不沾边。作为山东艺术学院雕塑系毕业的一名科班出身的文艺青年,他的创业道路是从与自己本专业相关的领域开始的。刚大学毕业的时候,卢方民开了间画室,现在的水木源画室山东校区便是他曾经的起点。用卢方民自己的话说,他选择了自己喜欢的事情作为自己事业的起步。他喜欢做一个美术老师,喜欢孩子们,喜欢去帮助更多的学生走上艺考之路,考上更好的大学。

而这条艺术之路并不是那么平坦,要做自己的画室,自己却没有一分多余的钱可以用来投资,只能拿自己的生活费用来租场地,借同学的钱来投入市场宣传。当时,包括他在内,有三批同学在做着一样的事业,其中有一个不到两个月便坚持不下去了,而自己的画室也已经到了关门的边缘,这样充满危机感的时光经历了半年多,卢方民的画室终于得以生存了下来。究其原因,可能就像他说的那样,他选择了他喜欢的事情,他离不开画室,离不开自己的学生,别人一个月的教学安排,他可以用更短时间完美地交给学生,也许这就是他的优势所在。

直到现在,卢方民还清楚地记得自己创业初期的点滴,他做过家教,给别人代过课,办过小画班,推广过字画,生产过美术颜料,再到后来开办水木源画室山东校区和北大幼教临沂园。他在书画和教育培训相关行业越走越远,越走越稳,也许正是因为他将自己喜欢的事情当作自己的事业,才有了今天的这些成就。

不安分的而立之年

随着时间的推移,转眼卢方民已到而立之年,自己从事的文化与教育培训事业也越来越趋于稳定,按照一般人的观念,卢方民已经算是创业成功了,接下来要做的,只是守成便可。然而,谁也无法预料一个浑身充满艺术细胞的人下一秒会做出什么样疯狂的事情来。而立之年的卢方民又将自己的目光投向了更远的地方。

2013 年,互联网的热度刚刚开始,在自己原有事业趋于稳定的情况下,他觉得自己还可以抽出身来去做更多的事情。他对互联网行业的发展产生了浓厚的兴趣,虽然这个行业对于那时的卢方民来说还是遥远而陌生的,对于之前在教育培训行业努力打拼的他来说,自己是个十足的门外汉。但是卢方民就是这样一个闲不住的人,在而立之年,卢方民决定涉足一个全新的领域,毅然开始二次创业,投身到火热的互联网创业大潮之中。

有很多人问过卢方民,自己的事业相对稳定,已经不用再像刚刚大学毕业的时候那样为了生计去艰苦创业,完全可以守着自己的这份事业安稳地走下去,为什么还要如此不安分地折腾呢?

对于这些问题,卢方民的回答是,当他对互联网行业产生兴趣而且愈发强烈的时候,他是无法说服自己不去尝试一下的,他不愿意在自己产生想法的时候因为贪图安逸而止步不前,他觉得那样是自己为难了自己,也委屈了自己。当然,互联网行业是一个变幻莫测的行业,很多企业在这个行业里都是昙花一现,甚至很多优秀的企业都敌不过互联网飞速发展的浪潮,淹没在了这股大潮里。但他还是毅然决然地投身于此,也许正如他自己所说,之所以这样选择实在是不想委屈自己,让自己还没有开始尝试就放弃了,也许这份坚持来源于他身上的那份艺术家所特有的偏执。总之,他为自己选择了一条以前从来没有经历过的新旅程,也选择渡过一个不太安分的而立之年。

IT 菜鸟的填"坑"路

卢方民有一句话在业内广为流传。他说:"互联网创业是个坑,也要勇敢地爬出来。"的确,他在义无反顾地选择入了这个"坑",但是入"坑"之后自己要往何处去呢?互联网涉及人们生活的方方面面,自己要怎样选择自己进入互联网行业之后的发展方向呢？经过一番权衡之后，卢方民选择了电商行业。

电商，一个在互联网行业中相对"古老"的行业，属于互联网行业中起步较早、发展较为完善的行业，也许对于卢方民这样摸着石头过河的新晋互联网从业者来说，这是一条相对好走的路，而卢方明选择了电商之中比较偏门的一种——生鲜电商。卢方民为自己的平台取名为"快快送"，起初，快快送采用了团购模式，和美团、大众点评的运行模式类似。但是，由于美团以及大众点评等综合性团购平台起步较早，发展也较为完善，占据了较大的市场份额，卢方民的生鲜团购平台相比之下并不占优势，而其他如雨后春笋般崛起的团购平台也想在这个市场中分上一杯羹，这些因素都使得卢方明的快快送平台在前期发展得并不是十分顺利。

面对各种不利情况，卢方民选择了大胆创新，用他的话说就是 0~1 的创新，而这样的创新往往都伴随着极大的风险，注定伴随着不断地跌倒，但要坚持不断进步和勇敢前行。为了快快送更好地发展，卢方民创新发展思路，放弃了原来的团购模式，转型为专业的精细化的生鲜电商。同时，卢方民改革了原有的配送模式，使生鲜配送由散户模式到团单模式，又创新全年配送到家的月卡、季卡、半年卡、年卡模式。配送方面，用网络化的实体店配送到客户手中。

通过卢方民的这种 0~1 的模式创新，快快送逐渐步入了良好的发展轨道，使得"快快送"这个品牌为更多的消费者熟知。

安全健康惠万家

生鲜，顾名思义，其最重要的特点就是新鲜、安全以及健康。快快送始终秉承着为消费者提供好的产品和体验，这也是卢方民所认为的生鲜电商所赖以生存的根本所在。通过不断加强和完善高质量高体验性的产品的把关，合格才能上线，精挑细选良心产品，使得快快送在竞争激烈的互联网行业站稳了脚跟。

目前,快快送已经形成了一个集进口水果和有机生鲜为一体的专业生鲜电商品牌。卢方民和他的团队立志要将"快快送"打造成为国内首屈一指的领先品牌,始终以让消费者花费最少的时间吃上新鲜、优质、安全、健康的生鲜产品为目标,生鲜线上购买与线下配送相结合。同时,快快送通过与保安公司等社区机构开展多渠道合作来保证每一个客户都能及时地享受到快快送的优质产品与服务。现在,卢方明的生鲜电商平台已覆盖上海、成都、济南、青岛、潍坊等全国多地并广受消费者好评。

卢方民的事业现在主要由水木源画室山东校区和快快送生鲜电商平台组成。谈及未来,卢方民表示,水木源山东校区将会大量吸纳山东美术行业内的名师加入,共同促进水木源画室山东校区的发展,并期待水木源画室山东校区能够给当地的教育培训行业带来一股正能量。此外,名校精英联盟与卢方民即将达成战略合作。凡此种种表明,卢方民将会带领着他的水木源画室和快快送电商平台在未来谱写出更加辉煌的篇章!

一路走来,卢方民坦言,自己成长了很多,从最初的小画室到水木源,从水木源到快快送,他经历了很多艰辛。同时,他也感恩朋友和兄弟的支持、前辈的鼓励、家人的理解。我们相信,这位极具艺术家气质的创业者的创新之路将会走得更远。

(张 颖)

"专注"的力量照亮梦想

——访北京康权华泰制冷设备有限公司董事长卢祖权

　　每逢炎热夏季,人们总是被火辣辣的太阳炙烤得苦不堪言。而今年北京的 7 月,与往年相比,天气之热有过之而无不及,越来越多的人选择蜗居在空调屋里躲避炎热的高温天气。往往这个时节,也是卢祖权和他的员工们最忙的时候,因为他们从事的是空调行业,致力于以永远真诚的信念为客户提供最优质的空调服务,为更多的人在炎炎夏日送去沁人心脾的凉爽。

　　说到卢祖权,他和他的北京康权华泰制冷设备有限公司当之无愧是近年北京空调行业中的一匹"黑马"。他白手起家,短短几年时间,便地将公司业绩从零发展到了两个亿,创造了一个业绩的神话!而卢祖权本人,也实现了从学徒工到企业家、从身无分文到资产过亿的惊人蜕变,其极具传奇性的人生经历诠释了一个追梦的年轻人如何用自己的努力和付出去让梦想蓝图变为现实图景。卢祖权坦言,之所以能取得今天的成就,很大原因来自于他将近 20 年来的专注,心无旁骛地专注一个行业,坚持深耕,才有了今日的辉煌!

被迫下岗:背上行囊去北漂

　　任何成功都不是偶然的,很多人只歆羡卢祖权今日的成就,却不曾知道他一路走来的不易。多年前,他还是个初出茅庐的年轻小伙子。1994 年大学毕业后,他被分配到了一家国企做工程师,端上了人人羡慕的铁饭碗。这份工作一做就是 4 年,生活平淡而幸福,称得上岁月静好。可惜 4 年后,因为国企不景气,他正好赶上了下岗潮,不得已被迫离开了国企。下岗后,卢祖权一度感到十分失落,既没有了原来在国企时的优越感,同时又对未来感到迷茫和无助。他知道他将要和别人一样踏上打工之路,将要失去原本稳定安逸的生活,其内心的煎熬和酸楚只有他自己明白。

但卢祖权是个不甘平庸的人,他想改变命运。1998 年,他怀揣梦想,背起行囊来到了北京,从此成为北漂一族。北京的大气、繁华、厚重,让卢祖权觉得自己来对了地方。但是,初到北京的他,没有一技之长,只能加入农民工的行列,做一些廉价的苦力。很累很苦,但他从没有想过放弃,因为他暗暗下定决心,一定要努力闯出自己的一片天地。

当上帝为你关上了一扇门,一定会再为你开一扇窗。生活不易,当卢祖权在北京吃了很多苦,受了很多累时,在他最迷茫无助时,上帝悄然为他打开了一扇窗。一次偶然的机会,经过朋友介绍,他进入了空调行业。这一干,就是将近二十年,他觉得自己找到了人生方向,他热爱这个行业。但是,他初进空调行业时,什么都不懂,什么都不会,完全就是一张白纸,一点点从学徒工做起,勤勤恳恳,认真负责,一步一个脚印,后来又做安装工、维修工,最后又转为销售,几乎干遍了空调行业的所有工种。其中的艰辛,现在提起,他依然历历在目。这其中有太多酸楚,甚至具有危险性,例如,一次他在安装空调时,差点抱着机器从 16 楼掉下去……他现在却十分感谢这段经历,感谢当时的自己没有放弃,一直以顽强的意志、不变的执着坚持了十几年,这是独属于他的财富,也是支撑他事业走到今天的基石。

创业之路:成功没有捷径

卢祖权经过在空调行业十多年的深耕,用自己勤劳的汗水致富,特别是做空调销售期间，确实挣了一些钱，生活也越来越好。那时候，他本没有创业想法，只想把自己的日子过好，但后来由于父亲的影响，才让他走上了创业之路。卢祖权告诉笔者，他父亲在重病弥留之际，嘱咐他不能只想着自己，要肩膀宽一点，多帮帮亲戚朋友。就是父亲这一朴实的嘱托，让卢祖权深感责任重大。"那之后我就决定去做公司，不管有多么累，这也是我创业的初衷。"卢祖权说道。

2007 年底，卢祖权终于拥有了属于自己的公司——北京康权华泰制冷设备有限公司。但是，万事开头难，初始，卢祖权没有任何管理经验，一切都要慢慢摸索，确实遇到了不少困难。但他踏实、能干、真诚，不怕吃苦。在他的努力下，他的团队不断壮大，业绩节节高升，并于 2012 年正式成为格力品牌的服务商，从事格力中央空调批发、零售、设立、安装和售后为一体，业绩也由 2011 年的 3000 万元增长到 2016 年的 2 亿元。

短短的几年时间，能取得如此成就，与他公司的企业文化——"学习、分享、永远真诚"分不开，与他公司的服务宗旨——"顾客至上，诚信为本"分不开，与他公司拥有的九大优势分不开。即拥有专业的精英销售团队、拥有专业的设计团队，拥有专业的售后团队，拥有两个 350 平方米的体验馆，定期组织专业产品培训及成功案例分享，库存货源充足，物流配送效率高，可提供格力全品类资料，可提供 1/2/3 级机电安装资质使用的九大优势。他的公司在业内更是被赞为中央空调专家，受到客户的广泛好评。

而卢祖权告诉笔者，取得这些成就的背后，是他们付出了比常人更多的努力。初创业时，他们曾坚持 5 年每天早上 7 点钟开会学习，就是为了笨鸟先飞。因为卢祖权懂得，在成功的道路上从来没有捷径。当然，除了刻苦以外，卢祖权还是个敢于创新、敢于思考的改革家。所以，当一个大客户以公司规模小为由拒绝合作之后，卢祖权经过慎重考虑，毅然以大魄力建设了一个当时全国最大的空调销售旗舰店。他的想法是，如果想要客户相信你，除了过硬的产品和人品外，还需要以实体、实力的方式直观地展示给客户看，而对于这一决定，如今公司取得的成就就是最好的证明。

扛起责任：组建空调安装队伍

但是，近年来，随着空调市场的同质化竞争越来越激烈，再加上空调安装的风险非常大，使得很多空调行业的前辈放弃了这个行业。卢祖权也面临着同样的挑战，但他的看法与此相反，他认为空调行业大有可为，因为他发现空调市场多年来存在一个痼疾，存在一个行业痛点，就是空调安装的简单粗放及混乱。

卢祖权介绍道，空调寿命短，经常出现各种问题，很大程度上并不是由于空调质量问题，而是由于空调安装的不到位、不规范。他介绍，事实上，空调安装有着非常严格的工艺流程，空调行业是三分靠质量，七分靠安装，需要非常专业的人来干，但目前的空调安装工人普遍素质不高，专业技术能力参差不齐，而他要做的就是规范空调安装市场，要制定这个行业的安装标准，要让客户享受到更优质的空调服务，同时提升一线安装工人的地位和待遇，以让更多的一线安装工人受益，让他们从临时工变成正式工，从不受尊敬的农民工变成令人尊重的工程师。

因此，为了保证安装质量，为了改变这个行业痛点，卢祖权决定将北京康权华泰制冷设备有限公司改制为股份制公司，由空调商学院、线上推广平台、安装派工平台组成公司的三大业务。其中，成立空调商学院是第一步，也是最重要的一步。商学院将致力于去培养安装工人的专业能力，考试合格才能拿到上岗证书，欲打造一批真正有工匠精神的售后服务团队；第二步就是要把他们培养成未来空调行业的中坚力量，甚至是塑造成未来空调行业的老板，以帮助他们彻底改变命运。

说到这里，卢祖权心情十分激动。笔者通过了解，得知原来他之所以要规范空调安装市场，不仅与空调安装确实需要专业技能有关，更令他触动的原因是目前一线安装工人的弱势现状。他告诉笔者,事实上,他们公司一开始也有自己的安装队,但由于成本高,管理风险大,还分散精力,后来就放弃了安装队,选择了外包,转而把所有精力都集中在销售上。他现在十分后悔当初的决定,他觉得当初放弃这个群体是错误的。原来,就在 2015 年 7 月 22 日这天,曾经一个与他们公司合作过的安装工,在施工过程中不小心从只有 4 米高的地方摔下去,造成了二级残废。这件事对他的触动特别大,因为他也是从安装工一步一步走到今天的,他也曾差点从 16 楼抱着机器掉下去。他深知空调安装工这个群体普遍受教育程度低,处境十分艰难,做的工作也具有危险性,一旦发生不幸,后果不堪设想。所以,他觉得他现在有了能力,有责任帮助这个群体,帮助他们提高专业技术能力,降低安全风险,帮助他们提高社会地位,提高相关待遇。

正是怀着这份大爱之心,卢祖权决定创办空调商学院,为身为弱势群体的空调安装工人提供一个改变自身命运的平台,真正地帮助到这些人。而从商人的角度看,卢祖权认为,空调安装市场前景广阔,因为他看到在发达国家,空调的价格其实已经远远低于安装的价格,空调安装市场潜力巨大,他的目标就是将一线工人从临时工变成正式工,让他们成为令人尊重的、高质量的施工队伍。

穷则独善其身,达则兼济天下。不管是创业的初衷,还是如今要打造空调安装平台的抱负,卢祖权始终不忘初心,也在用自己的实际行动践行着一个企业家的社会责任。他知道自己这个想法变为现实很难,要走的路很长,但他会坚定地用余生的力量去努力。因为既然选择了空调行业,他就会一直专注下去。

(张 颖)

勤劳荫庇一方　质量成就口碑

——访河北省蔚县景蔚五谷香米业有限公司创始人乔景斌

河蚌忍受了沙砾的折磨,坚持不懈,终于呈现出光彩照人的珍珠;铁棒忍受着烈火的考验,终究练成无比锋利的宝剑;一粒埋在石头底下的嫩芽,不顾生命的安危,冲破石头,最后成为一道亮丽的风景。坚持看起来容易,但实际做起来并不容易。一切豪言与壮语都不过是无根浮萍,只有坚持才是最正直的。因为一份坚持,他帮助全县农民解决了卖粮难的问题;因为一份坚持,他将一个小小的加工厂运营为一个正规化的公司;因为一份坚持,他将蔚县本地的小米卖向了全国乃至世界。他,就是河北省蔚县景蔚五谷香米业有限公司创始人乔景斌。

着眼现实,立志为民

乔景斌来自塞外名域张家口市蔚县吉家庄镇,曾是一家小米加工厂的小老板。初中毕业后,家境贫寒的他为了给父母减轻经济压力,一直在家务农,与当地的农民一样,以种植小米为生。本以为一生就这么平庸过去,却因为一次偶然的机会,让他接触到了粮食收购这一行业,从此便一发不可收。当地农村市场经济改革,放开了粮油市场,独具慧眼的他瞄准了商机,趁机进入了这一市场,做起了粮食收购这一行,从中大赚了一笔。然而好景不长,随着越来越多的人涌入粮油市场,市场慢慢开始难做,他当机立断'弃粮从米',开始了他小米王国的开拓。就这样经过了多年的实践摸索与经验积累,在 2008 年,他成立了景斌米业,在小米加工这条路上越走越远。

如今,他是年销售额 6000 万元的景蔚五谷香米业有限公司的创始人。创业之路,总是充满艰辛。自景斌米业创立以来,乔景斌每天要从早晨 7 点忙到晚上 11 点,没有节假日,过年也要忙到腊月二十八才能闲下来,一丝一毫都不敢懈怠。他既要自己种植,同时也要收购附近农民的小米,二者都要保证产品质量;另外,又要时刻关注米价起伏,保证销售利润,与客户洽谈业务,忙碌起来常常得不到好的休息。尽管各种工作繁琐纷杂,他却一直勤勤恳恳,将每一项工作落实得井井有条。

景斌米业从 1 个加工厂到现在 3 个加工厂,从年销售量几百吨到现在的 1 万多吨,从几个工人到几十个工人。这样辉煌的成就离不开公司全体员工的辛勤努力,也离不开乔景斌数年来全心全意地经营以及勤劳为本的创业理念。

数年经营 勤劳为本

据史书记载,蔚县小米远在明清时曾被列为"四大贡米"之一。蔚县的小米能获此殊荣,与其所处的地理位置和气候有关。蔚县地处冀西北山间盆地,坡地多、水量少,且十年九旱,抗灾力强而又耐旱的谷物适宜于在这种环境下生长。所以在粮食作物种植上,小米成为首选,历代相袭,约有 1000 余年的栽培历史。蔚县出产的小米,不但颗粒饱满,色泽金黄,其营养价值也很高,素以粒大、色黄、味香、富黏性、多营养、含糖量高而著称,受到消费者的一致好评。

乔景斌作为土生土长的蔚县人,对蔚县的小米最熟悉不过。他了解蔚县小米的整个生产过程,并对于自己家乡的小米充满了信心。所以他在早年便立足于蔚县小米的实践与观察当中,这对他后来的创业做了充足的准备,并且起到了至关重要的作用。乔景斌就是以这样的方式立足于现实,展望于未来发展的。

2015年5月11日,乔景斌成立了景蔚五谷香米业有限公司,开始了他的香米创业之旅。公司位于河北省张家口市蔚县吉家庄镇四村,是一家集种植、收购、加工生产、销售精品小米及杂粮为一体的大型农业生产加工企业。在乔景斌等人的带领下,公司不断发展壮大,现今,已拥有3000亩的种植基地以及3条国内先进的生产小米、大黄米流水线设备。公司年生产能力达2万多吨,年产销小米1.5万多吨,年销售额在5000万元以上。此外,他们的主打产品——景蔚五谷香牌高中低档免淘精品系列小米、大白谷香小米、8311蔚州贡米、大黄米及杂粮豆类产品等50多个品种,畅销全国二十多个省、市、自治区,并远销新加坡、韩国、美国等国家,赢得了消费者的广泛认可。

尽管乔景斌公司的蔚县小米深受大家喜爱,但也并非畅销无阻。农民种植户常常面临着卖粮难、粮价被压低的种种难题。对此,他仔细分析市场小米优劣特性,从蔚县小米优良的品质与独特的优点入手,为农民提供一个专门的卖粮平台,帮助农民销粮。乔景斌坦言,自己靠的就是质量和价格,蔚县小米质量好,价格实惠,所以今年景斌米业的最好小米——大白谷香小米,能够通过韩国客商卖到美国去并且销量可观,利润惊人。蔚县具备昼夜温差大,光照时间长,水土好,环境好等各种适宜的自然条件,再加上优良的品种,悉心地种植,所以蔚县小米的名气越来越大,国内和国外的客商都慕名而来。

乔景斌着眼于现实,密切关注米价变化与小米产量综合各类现实因素,同时立志以加工厂为平台帮助农民卖粮,为农民平均每亩土地增加了上百元的收益。“达则兼济天下”的梦想在这个农民出身的粮食商人身上得到了再现,同时,这也充分体现了乔景斌作为一个蔚县米商的骄傲与自豪。

诚信经营,创新发展

自蔚县景蔚五谷香米业有限公司成立以来,一直坚持着“质量第一、用户至上、诚信为本、优质服务、信守合同"的经营理念。凭借着高质量的产品、良好的信誉和优质的服务,公司销量产业链条得到不断地完善和发展,产业规模得到了不断壮大。

蔚县景蔚五谷香米业坚持质量第一的经营理念。品质是它的第一要求,也是最基本要求。而为了保证小米的高质量高品质,公司一直紧跟时代科技发展的步伐,不断更新生产设备。最初,为了提供比东北小米更优质的小米,刚开始创业的乔景斌就下定决心购买了一套价值不菲的碾米设备。有了这台设备,碾出来的小米颗粒均匀,大大提升了小米成色和品质。后来,市场对质量的需求越来越高。为了解决小米中掺杂异物导致损失的问题,乔景斌又一次走在前面,购买了一台电脑色选机,成为当地第一家配备此种机器的小米加工厂家。而为了此事,他还曾一度被人笑话花重金买了一台没有用处的废铁。但是,坚持以质量为上的乔景斌对此毫不在意,仍然坚持着自己的原则,并且凡事亲力亲为。在乔景斌的诚信经营下,他的事业越做越好,越做越强,最终蔚县景蔚五谷香米业成为当地小米加工的龙头企业。

蔚县景蔚五谷香米业的小米等农作物起初主要销往大型的批发市场与超市,依靠良好的业内口碑吸引顾客,但在近年来,乔景斌开始有意识地进行互联网销售,拓宽小米的销售渠道,并且还要拓宽小米加工范围,进行深加工,立志将五谷香米做得更大更强。

如今,蔚县景蔚五谷香米业带着它的高品质小米来到了中阿博览会,与世界企业进行接触,将它的营养、健康、原生态食品传递给世界,竭诚与国内外商家进行更加广泛的合作,以期共赢,共同发展,共创辉煌。相信在乔景斌的带领下,蔚县景蔚五谷香米业有限公司在未来将取得更加喜人的成绩。(张 颖)

一位下岗女工的创业历程

——访辽宁抚顺腾飞环宇装饰公司经理佟丽萍

她，一夜之间成了下岗工人，一夜之间没了饭碗，她失落、迷茫……然而，她又不甘屈服，经过一阵的迷茫和失落之后，她坚强奋起，勇敢地向生活挑战：做豆腐、卖菜……1996 年她创立了腾飞环宇装饰公司，几经拼搏后，不仅自己致了富，还帮助十多人脱了贫。她叫佟丽，目前是抚顺市顺城区腾飞环宇装饰公司的经理。最近，我们采访了她，深为她坚强的性格、不屈的创业精神所感动。

下岗后的迷茫

佟丽萍出生于辽宁省的农村，高考落榜后想去当兵，也落了空，之后便到一家国有企业上班。国企稳定的工作，当时也令很多人羡慕。然而，天有不测风云，随着我国改革开放的进一步深入，私营企业如雨后春笋般蓬勃发展，冲击了国有企业，使国有企业的经济效益每况愈下，有的国企甚至拖欠了职工工资。佟丽萍所在的单位就是如此，产品卖不出去，工人无活干，开始是工资下浮，后来数月不发工资。职工忧心忡忡：今后的生活怎么办？

正在大家面对现实一片茫然的时候，佟丽萍所在的单位裁员开始了，一夜之间很多职工下岗了，其中也包括佟丽萍。这一年，她还不到 40 岁，原想着有稳定的工作，手捧着铁饭碗，吃国家的大锅饭，一直到退休，可谁知一夜之间她失业了。这对于她无疑是个沉重的打击，原本开朗活泼的她变得情绪低落，像个没了娘的孩子。没有了工作,家里还有两个孩子,今后该怎么办?佟丽萍陷入了一片茫然之中,她的心在颤抖……

勇敢向生活挑战

佟丽萍下岗了。一下子从巅峰跌到了谷底,她不得不接受失业这个残酷的现实。她说,那段时间她情绪非常低落。尽管国家给她每月最低的生活保证金,还对她和其他下岗工人进行再就业培训,可她心里总也转不过这个弯。每天夜里,她都苦思冥想:自己接下来的生活应该怎么办?但她又觉得,现在还年轻,不能等着政府安置,全国那么多的下岗职工都靠政府安置的话,政府的压力可想而知。即使安置,又会安置什么工作呢?很多企业效益都不好,扫大街?当保姆?或者此时她想到了古人的一句名言:"天将降大任于斯人也,必先苦其心志,老其筋骨,饿其体肤,空乏其身,行拂乱其所为,所以动身忍性,增益其所不能。"想到此,佟丽萍决定靠自己的双手去开创属于自己的未来,她逐渐产生了自主创业的想法。可干什么?她想到了做豆腐,自己曾见过别人做豆腐,泡豆、磨烂、过滤、点豆腐……这些技术她都会。于是,她买来黄豆,买来机器,开始了做豆腐的生意。她夜里开始做,天亮就出去买豆腐,一个人忙不过来的时候,还把丈夫和儿子叫过来帮忙。然而,尽管她辛辛苦苦地做豆腐,买豆腐,没日没夜地干,收入却寥寥无几,生活依然艰难。

做豆腐不行,她又想到了卖菜,人人要吃菜,家家要有菜。于是,她每天骑着三轮车早早地就到蔬菜批发市场,批发出萝卜、白菜、土豆、冬瓜、菠菜、大葱等,再拉到自己家门口的蔬菜市场卖。她说:"我就不信我养活不了我自己。"就这样,她天天跑来跑去卖蔬菜,收入也仅够勉强度日。

一位哲人说过:"逆境是一所自修自悟的大学,磨难对弱者是走向死亡的坟墓;对强者则是生发壮志的沃土,真正的力量来源于内心的坚强。"佟丽萍就是如此,她在坚强地奋斗着。

走上门窗创业路

有一天,佟丽萍的一个同学在蔬菜市场见到她在卖菜,便问起缘由,佟丽萍将自己在单位下岗,为生活奔波操劳的情况讲了一遍。同学说:"我建了一个做门窗的厂,你去我那干吧,这里太辛苦。"于是,佟丽萍就在她同学的那个做门窗厂里干了起来。

佟丽萍是个善于学习的人,在门窗厂里,既工作又学技术,学经营,学管理……渐渐地,她学会了做门窗的技术和管理。她看到:门窗的需要量非常大,厂子生意很好。她就想:随着经济的发展,城市的高楼将越建越多,门窗市场有很大的发展潜力,钢窗也将逐步由铝合金、塑钢窗所代替。此时她就想:自己建个做门窗的厂,自己当老板。她把自己的想法告诉了同学,同学非常赞成,并大力支持她自己去创业。

人常说:苦难能使人意志坚强,磨难是玲珑心灵的雕刀。经过几年的摔打,佟丽萍成熟了,她说干就干,立刻行动了起来,她向同学借了资金,又向社区的有关单位做了汇报,抚顺城街道北站社区劳动保障工作站非常支持她的想法,她在工作人员的鼓励、启发和帮助下,开始筹集资金、选择厂址。工作站的工作人员一边鼓励她树立信心、克服困难,一边帮她办理各种手续。她把自己的丈夫也拉了进来。经过精心地准备,她的腾飞环宇装饰公司开业了,其经营范围囊括铝合金、塑钢制作、安装门窗等项业务。开业那天,社区劳动保障工作站的领导还到场为其剪彩,鼓励他们克服困难。然而,创业的路并非坦途,往往布满了荆棘。她的公司也是如此,投产初期,由于规模小、用户少,她夫妻二人亲自干,既下料,又焊接制作,夫妻都成了多面手,但因产品销量不多,只能维持家庭基本的生活支出。

从逆境来的人，路上再多坎坷也会踏平。佟丽萍夫妇经过认真地思考，他们认为，企业规模小，生产能力不足是最大问题。没有规模，就没有影响力，一些施工队就不敢与你签合同。鉴于此，他们筹措了资金，购买了设备，又招聘了技术工人，扩大了生产规模，并制定了岗位管理制度、质量保证制度及售后服务制度等。经营中，她常说"做生意贵在诚信，我宁可少赚点，也不让用户吃亏。"她们以质量求生存，很快赢得了客户的信任，与她公司合作的客户越来越多。后来，随着公司的快速发展，与建筑施工队签订合同，为建筑安装塑钢门窗，销量大幅度提高。佟丽萍诚信的经营为她带来了可观的经济效益。

佟丽萍的事业终于走上了正轨，但作为一名曾经的失业者，她深知失业者的艰难和再就业的不易。为了回报政府、回报社会对她的扶持和帮助，佟丽萍在用工时优先招聘周边的下岗、失业人员。她常说："其实下岗、失业并不可怕，只要努力，树起生活的信心，就一定能够实现自己的人生价值，用自己的双手开创出美好人生。"

走好自己未来路

艰难和挫折锻炼了佟丽萍，她在人生的舞台上演绎出了精彩华章，她的奋斗还在继续。佟丽萍说，回顾她这几年走过的路，虽坎坷、艰难，但收获很多。她感谢社区领导、她的同学、她的房东等众多好心人对她的支持。她说："她现在有很多不足：管理跟不上、产品质量和服务还有待提高等。"她表示：要在这条路上一直走下去，要带动更多下岗、失业职工再就业，创造更大的价值，实现更加精彩的人生，为抚顺市的发展做出更大的贡献。她还要在现有的基础上开发出新的产品，甚至是智能化产品，将企业做大、做强。

不求人夸好颜色，只留清香满乾坤。这就是佟丽萍着力追求的人格，她的高尚的人格必定带动她的事业蒸蒸日上。我们愿佟丽萍的事业更辉煌。

（张 颖）

军旅走出的"科学家"

——访雷迅太阳能科技有限公司董事长王国强

谁说 21 世纪必定是年轻的人天下，谁说花甲之际就该在家安享晚年，一个不服输的人必定拥有一段精彩绝伦的人生。在广东江门，一位不服输的长者，凭借了自己的亮剑精神，退伍后坚持科研开发，一步步将公司做大做强。8 年拼搏完成了生命史上的第二次成长，如今 67 岁的王国强已申请 50 多项国家专利，成为从军旅走出的"科学家"。

立志从军

"我一直在心里告诉自己是幸运的一代人，没有经历战乱，一出生就赶上新中国成立，用现在的话说就是'生在新中国，长在国旗下'。虽然生活条件比较简陋，没有今天这么富裕，但在当时已经很好了。中国人民也是从那时候起开始当家做主人。"王国强顺着时间的轨迹慢慢向我们诉说着自己的故事。

1950 年，王国强出生于广东省江门市。作为家里的独生子，他并没有被父母娇生惯养，相反，父母一直教导王国强应该吃苦耐劳，男儿志在四方，将来一定要有一番作为报效国家。年幼的王国强一直铭记着父母的教诲，也把从军当成追求的梦想。王国强回忆说："那个年代，报效国家的最好方式就是从军。所以从那时起每次看着比自己年长的玩伴相继离开广州北上时，我内心深处都在羡慕。也是从那时起从军光荣这个想法深深地扎根在我的内心深处。"

1969年,19岁的王国强高中毕业,看见征兵信息后二话没说就决定报名。虽然父母一直教育他要有担当,有作为,可是得知自己的儿子要离开家6年的时间,难免有些担心。在王国强的坚持下,父母尊重了他的意愿,同意他去当兵报效国家。于是,19岁的王国强正式成为一名空军侦察兵。

"当兵去北京,是我出生19年去过最远的地方。"采访时,提到北京两个字王国强格外激动。离开父母只身一人去北京当兵是自己的梦想,虽然这六年吃苦、受累、每天都有任务,但这是自己选择的道路,要不负父母、祖国的厚望。

在王国强思想深处,总是洋溢着赤诚的爱国情怀。他勇于创新,敢于"亮剑",他正直坦诚,对于自己选择的道路,始终无怨无悔:"现在想想,当兵时学会吃苦,学会坚持,敢于在紧要关头亮剑,这些都是我在兵营练就的无价精神财富。"在部队6年,王国强并没有放弃学习,虽然不同于学校的课本知识,但在王国强心里只不过换了一个新的学习内容。在空军部队,受环境影响,王国强渐渐对无线电产生了浓厚兴趣,只要有空余时间就废寝忘食地研究无线电。到退伍前,他对无线电的研究已颇具专业水平。

1974年,24岁的王国强从北京退伍回到广东江门,前后在粮食加工厂、农业机械厂、轻工业局等单位就职。在工厂担任厂长时,王国强就亲自抓工厂技术改造,不仅改良了生产线,提高了生产效率,还改善了员工生活,很快就使工厂实现了扭亏为盈。王国强回忆说:"这些都源自于当兵6年的磨炼,亮剑精神不是嘴上说说,需要真正地将精神融入工作和生活中。"

自主创业

1996年,工作了22年后的王国强因单位改制而下岗待业。早已过了不惑之年的王国强没有因为下岗感到迷茫,在他看来,四五十岁的年纪依旧可以为国家发挥余热。王国强决心在未来的生活里重新展现当兵时的激情,因为未来的路还很长,不应该消沉放弃。于是,46 岁的王国强带着一颗创业之心重整旗鼓,渴望在研发中闯出一片新天地。

"只要有雄心壮志,年龄对我来说不是障碍,因为我有创业的激情。"1996年,王国强开始走访各地,开展市场调查。调研过程中最关键的就是调研对象的真实性和准确性。在验证问题的真实性时,往往会牵扯出其他问题,这更激起王国强的好奇心。

万事开头难。王国强坦言,做研发真是一个很吃苦的过程。2003 年,他独自一人在江门市滘头租了一间八十多平方米的小屋,全身心投入研发。"这一关就是 3 年,那感觉就像是坐牢一样。当时所有人都反对我这么做,但我觉得人这辈子就要争一口气,看准了就要努力去完成。"王国强斩钉截铁地说。

在调查中王国强发现太阳能产品的市场商机无限,从 2003 年就开始潜心研发太阳能灭蚊灯及农业无农药种植系列产品。没有"蓝本"借鉴,没有专家指导,他就查找资料,认真研究将太阳光能转换为电能贮存利用的原理,并反复试验。经过多年的艰苦努力,王国强发明了太阳能灭蚊灯及农业无农药种植等产品,并获得了 27 项国家发明专利和实用型专利,成了远近闻名的退伍兵发明家。

2009 年,王国强正式注册成立江门市雷讯太阳能有限公司。雷迅科技是一家集清洁能源、环保、植保、灭虫、灭菌等系列产品研发、生产、销售于一体的民营高科技企业,其中公司主打产品为太阳能灭蚊灯系列。"这种产品可以在空旷地带实现大面积扑杀,一盏灯的有效杀虫面积可以达到 15 亩。"王国强拿起一盏灭蚊灯向记者介绍,这种灯通过顶部的太阳能板将太阳能转化为电能存储起来,根据蚊虫的活动规律,每晚上半夜持续亮灯杀虫 5 个小时,下半夜则不工作,"只灭害虫不灭益虫,只灭蚊不伤人",储存的电能在没有阳光的阴雨天仍旧可使灭蚊灯持续工作一个星期。

王国强生产的灭蚊灯系列产品以良好性能赢得了市场口碑,2010 年,该产品先后进入北京空军机关大院和广州亚运会马术场。"我们公司只安装了 4 盏灯,就确保了赛马场的环境,让马匹远离了蚊虫叮咬,保证了它们的健康。"王国强自豪地说。

随着产品知名度提升,产品稳定性提高,公司产品的销售范围不断扩大。近几年,雷迅科技组建了营销队伍,王国强带着团队跑了内蒙古、辽宁、天津、江苏、山东等地。同时,在江门及周边地区,雷迅科技的系列产品销售范围也在不断扩大。尤其在市政府、机关大院、部队,以及部分校园、公共娱乐场所、居民小区和种植养殖基地等地方,都可以发现雷迅科技产品的身影。

研发创新

研发创新始终是推动科技进步的动力。王国强的研发创新,不是盲目性的。他看准了国家大力发展现代农业、实现无公害种植的大方向,于是研发了农业免农药专用灭菌机,不但能够降低使用农药的成本,更为大面积普及无农药种植打下了良好基础。

"采用空气能灭菌设备和太阳能灭虫器取代传统化学农药灭虫方式,是现代农业的必然发展方向,实现了现代农业无农药种植的创新性革命。"2014 年,广东省农业科学院植物保护研究所与王国强的公司以及他此前的试验场地签订了果蔬无公害生产示范基地建设协议。从 2014 年 7 月到 2017 年 6 月底,三方合作测试"空气能农用杀菌设备"、"太阳能杀虫设备"等由王国强所研发的仪器。同年 7 月,他所试验的 26 亩葡萄相比另一边采用传统农药杀菌种植的葡萄,不仅产量明显增加,而且果实更加饱满。紧接着,他又大胆在该场地承包 56 亩葡萄试验。没想到,在今年葡萄收成时,试验田里的葡萄每亩增加了 11.3% 的产量,并提前上市。

正是凭着对技术研发的满腔热情和不断研发创新的精神,雷迅科技研发、生产场地的面积从初期的 9 平方米,发展到 80 平方米,再到 1000 多平方米,到现在将近 3000 平方米。近几年,公司的太阳能、交直流户外型灭蚊灯和农业无农药种植等系列产品,远销国内外多个市场,特别是在马来西亚、泰国等东南亚国家具有极佳口碑,他本人还作为专家被邀请前往这些国家举办技术讲座。

在王国强看来,人们的衣食住行都离不开农业,农药残留也越来越受到人们关注。因此,必须通过研发创新,推广使用高科技的环保产品,保护自己、保护家人,净化环境、造福人类。"这是件很苦的事,以后不要让你的孩子做研发。"他有时和人聊得正起劲时,会突然冒出这么一句来。和他相识多年的好友李先生说,本该在家里享清福,他却凭借自己在部队学到的一技之长,闯出了一番事业。

谈到未来的梦想,他最大的心愿就是在这个"第二战场"上继续"亮剑",通过雷迅的科技创新,真正造福广大人民群众。王国强说:"搞科研,搞创业是为了造福社会、服务人类,赚钱是其次的。所以,我的经营之道十分简单,就是诚信经营,能够用自己的产品去改善人们的生活和工作环境,这就是我最大的荣耀。下一步,公司还将把产品在东北、河北、新疆等地全面推广,在真正带动农民致富的同时,实现农产品的生态种植。"

(张 颖)

逐梦商海志不移
不忘感恩赤子心
——访福州市山东商会会长、福州温泉戴斯酒
有限公司董事长王洪

牛顿曾经说过："如果说我看得比别人更远些，那是因为我站在巨人的肩膀上。"创业过程中，在缺乏管理经验、资金不足、创新力不足的情况下，加盟连锁品牌是小型企业走向成功的一个捷径，这是福州市山东商会会长、福州温泉戴斯酒店有限公司董事长王洪总结出的经验。

"我最早接触连锁品牌是在 2000 年，公司涉及的 4 个行业都是连锁的。连锁品牌具有成熟的商业模式和强大的消费群体，其规范的操作模式能让创业者少走弯路，就像站在巨人的肩膀上，容易看得更远。"王洪如是说。

壮志凌云，潜心创业谋发展

20 世纪 90 年代，我国兴起了一股全民创业的浪潮。在政策鼓励下，在福州电信公司工作了几十年的王洪抱着闯一闯的想法投身于这股时代浪潮当中。

辞去稳定的工作，从零开始创业，这中间最难的就是家人和朋友的不理解、不支持，但王洪只用事实说话。在经历了无数次尝试和失败之后，王洪接触到连锁企业，并摸索出一套适合公司业务开展的工作流程。

在福州繁华的闹市区东街口，屹立着一座经营二十多年的酒店，这座酒店离福州的城市名片——三坊七巷非常近。在这里，长途跋涉的旅行者不仅能得到充分的休息，还能品尝到福州的地道美食。这座七天快捷连锁酒店就是王洪经营的第一家连锁酒店，他也从这里赚到了第一桶金。

"开始创业的时候家人并不支持，我尝试过装修等行业，当时资金不多，也缺乏管理经验，所以做得不太好，挺受打击的。后来经朋友介绍接触到连锁企业，深入了解后觉得可行，就和朋友一起做。顺利经营第一家七天快捷连锁酒店让我收获了财富，也重拾了信心。"之后，王洪凭借独到的眼光和不断的努力，顺利加盟了德克士、85度c、佳豪假日酒店、速8连锁酒店、戴斯酒店等餐饮酒店连锁品牌，经营着近二十家连锁企业，前行的步伐踏得坚实而有力。

"有多大能力就办多大的事，借鉴他人成功的经验能让我们节省摸索的时间，快速达成目标。"王洪告诉我们，连锁企业拥有强大的品牌效应、专业的管理、统一的质量和服务标准，具有明显的竞争优势。

"选择连锁品牌会让我们在创业路上走得更平稳，但并不代表我们倚靠连锁品牌这棵大树就可以高枕无忧了。因为连锁加盟事业的成功，既需要有一个好的加盟总部的扶持，也离不开加盟商自身的努力和付出。而且我们不能只埋头做事情，还要注重与市场、消费者之间进行沟通，这样才能把企业做得越来越好。"

知之非艰，行之唯艰。面对创业者，王洪给出了真挚的建议："大家在选择品牌的时候，一定要做好调研工作。在加盟德克士之前，我对它的品牌和口味就有一些了解，在广播中听到德克士招募加盟商后，我又到福州两三家德克士餐厅里体验，对市场进行调查过后才决定要做。选择其他连锁品牌也是一样，我会提前做好调研，比如了解目标消费者的特点、喜好、需求等，这样才能准确提供符合消费者需求的产品。"

凡事预则立，不预则废。对于未来的发展，王洪有着科学而细致的规划，他将以新的方式拓展酒店业务。"做酒店这一块投入比较大，个人的力量毕竟有限,我一般都是和朋友合作,也会在商会做众筹,大家资源共享,共同发展。"

在王洪的规划下,与华住酒店集团合作的汉庭全季酒店福州店的规划设计已经全面铺开,设计将都市生活与福州悠久历史文化巧妙交融,处处蕴含着福州独具韵味的文化风情。该酒店预计在 2018 年 1 月开业,为消费者提供优质的服务。

通达求变,探索发展新思路

在王洪的带领下,企业发展蒸蒸日上。王洪开始寻求新的突破口。他将目光转向生态林业,利用农民废弃的田地、林地种植经济林木。一次偶然的机会,王洪接触到了"绿桐一号"。

"绿桐 1 号"是采用国内优良的泡桐品种白花泡桐与毛泡桐通过杂交培育出来的泡桐新品种,2017 年 3 月正式获得国家林业局的新品种授权,科研项目也通过了验收。据了解,"绿桐 1 号"具有较好的速生、耐寒、耐旱、抗风、耐盐碱、枯枝落叶分解快等特性,适合营造短周期人工林。

"'绿桐 1 号'5 年就可以砍伐,直径 30～40 厘米,种一次就可以砍伐 10 次左右,利用率非常高,而且板材材质轻、韧性大、强度高,可以制作琵琶、琴、家具、地板等,在国内外有着广阔的市场潜力。"王洪笑着告诉我们:"我和绿桐集团签署了合作协议,已经在福建省多个市县、不同海拔地区栽种了几千亩的'绿桐 1 号',以便取样研究,总结经验,为日后'绿桐 1 号'在福建省各个市县推广做前期工作。现在国家倡导生态文明建设,我不懂什么大道理,但我知道每一分绿色都来之不易,每个人都应该尽一份力。虽然栽种树木的工作挺琐碎的,回报周期也比较长,但'绿桐 1 号'能够净化空气、涵养水源,最主要的是它不破坏土地,还能改善土质,所以我认为推广'绿桐 1 号'是很有意义的事。"

种好梧桐树,引得凤凰来。在王洪的规划下,2018 年,公司与农民合作种植的"绿桐一号"面积将超过 1 万亩。

感恩社会,情系桑梓

感恩之心,人皆有之;感恩之人,世皆敬之。一个企业家成功与否,物质财富只是表象,社会责任感才是衡量的重要标杆。创业有成后,王洪一直热心公益事业,回报社会。福州温泉戴斯酒店的员工告诉我们,王洪经常去周边的乡镇帮助那些贫困家庭,有时还带去爱心人士捐助的物资。

拳拳赤子心,耿耿桑梓情。王洪的父母是山东南下干部,他从小便随父母来到福建生活,如今他已经扎根八闽大地,却从未忘记过自己的山东老家。

2015 年 5 月,福州市山东商会正式成立,王洪由于为人热情、责任感强被大家推选为商会会长。自商会成立以来,王洪一直致力于增进在闽山东籍企业家与家乡的交流,为会员企业搭建合作平台,也为山东、福建两地的经贸合作搭建桥梁,他积极参与在闽山东籍企业家返乡创业工作站的工作,推动山东企业家回乡投资兴业。

"商会成立两年多了,我强烈地感受到每一位商会会员的归属感。现在不是崇尚'资源共享、抱团发展'嘛,我们商会会定期举办高层次的学习交流,既增进了老乡们的感情,又促进了企业会员的业务合作,我们的会员企业已经从最初的 103 家,发展到如今的 130 家了。"王洪笑着告诉我们。

予人玫瑰,手留余香。王洪依托商会扶助在闽山东籍贫困学生、向贫困学校捐赠物资、倡议会员企业家每日捐赠一元钱给慈善总会扶贫基金……王洪不仅有常人无法企及的毅力、精力和胆识,更有达则兼济天下的胸怀,在自身发展的同时不忘感恩社会、回报家乡。

巴尔扎克有句名言:真正的有才能的人总是善良的、坦白的、爽直的。王洪就是这样的人,多年来,不论他在事业上是顺境还是逆境,他都凭着一颗善良的心去帮助他人。

山东南下干部研究会是山东革命前辈在解放福建、建设福建时成立的组织。作为研究会的副会长,王洪一直积极配合研究会开展怀念南下前辈们的历史功绩和英雄事迹的活动。

王洪告诉我们:"研究会在福州森林公园建立了一个南下干部历史纪念碑,每年清明节,我们都会举办怀念南下干部丰功伟绩的大会,学习他们的献身精神,弘扬他们的光荣传统,每年都有两三百人自发参与。"

谈到这些年为社会做的贡献,王洪十分谦虚:"我刚创业的时候,得到过很多帮助,现在企业做好了,为社会多做些事是应该的。再说山东是我的老家,能为家乡做点贡献,我感觉挺自豪的。"

靠高瞻远瞩,靠不屈不挠,靠顽强毅力,借助连锁业,王洪走出了一条属于自己的创业之路。前行路上,他不断寻求新的突破,实现华丽转身。心怀创业梦,感恩家乡情。王洪用智慧和善良,在人生画布上增添了绚丽精彩的一笔。愿他鲲鹏展翅九万里,翱翔蓝天飞更远。

（张 颖）

蹚出来的致富路

——访广东省英德市菜篮子农业开发有限公司
总经理王基兵

　　"我的标准是，一个芽头，两片嫩叶，嫩叶宽度不超过 7 厘米。你看，这个就不合格了。"这位举着一片桑叶、戴着黑框眼镜的男人就是王基兵。他的身后是大片大片的桑叶地，几个农民正弯腰劳作。再去到他的厂房参观，洁净的环境下，桑叶的加工和包装工作正井然有序地进行着。

　　然而，他和他的桑叶王国走到这一步，并不像表面看起来这样轻松。有成功的地方，就有故事。

灵感变机遇

　　王基兵出生于四川广汉，高中毕业后他开始外出打工。2005 年，他来到广东省的一家饭店做厨师。老板李燕芬发现他很勤快，也很会照顾人。由于工作的原因，两个人每天都会有大量的时间接触。渐渐地，他们之间产生了情愫，最终两人喜结良缘。婚后最初的日子并不富足，但这一对情投意合的小夫妻仍是踌躇满志地开始了他们的奋斗历程。

　　2007 年，小两口开始销售木头原材料，通过努力奋斗，夫妻俩攒下了 50 万元，小日子过得有声有色。但这种简单的生活，在 2013 年 4 月的一天发生了改变。

　　这天，王基兵夫妇来到浙江绍兴市看望亲戚。在餐桌上，他们品尝到了一道从未见过的菜——桑叶菜。桑叶竟然也能做菜,这是王基兵和妻子前所未闻的。在与亲戚的交谈中,他们了解到,桑叶可不仅仅是能吃,它还很有必要吃。它可做菜、做茶,也可做中药,功效更是很多,包括疏散风热,清肺润燥,养肝明目,降压利尿。王基兵一开始只是觉得新奇,并没有太在意。但回家后,妻子对他说,桑叶中或许有很大的商机。目前桑叶做菜在市场上并不多见,这就意味着它很有空间。在妻子的启发下,王基兵决定蹚一蹚卖桑叶菜这条路。

后来在接受采访的时候,王基兵也谈到了他对创业的看法,他说:"创业要顺其自然,不要为了创业而创业。创业需要的是机遇,而机遇,往往是为有准备的人设置的。在生活过程中出现的灵感,若是抓住了,便是机遇。"

2013 年,王基兵来到广东省英德市石牯塘镇收购桑叶。这时,他遇到了第一道障碍。由于桑叶一般是用来养蚕的,大批收购并不能得到当地人的理解,因此没有几个人愿意将家里种的桑叶卖给他。王基兵不情愿就这样放弃,既然无人愿意卖给他桑叶,他决定自己种植。在妻子的支持下,他拿出家里的存款,又向亲友借了 60 万元,承包了土地,盖起了厂房,购买了设备,开始了桑叶种植。2014 年 5 月,他种植的桑叶终于可以采摘了。

探索出成果

就在这时,王基兵遇到了第二道障碍。他采摘的桑叶做成菜后,很涩口,甚至难以下咽。这样的食材即便有营养,也不会受人欢迎。于是他开始寻找改进的方法。首先,在第一步的采摘中,他摒弃了原先的"随手抓",提高采摘标准,即一个芽头,两片嫩叶,嫩叶宽度不超过 7cm。采摘定在上午 9 点之前完成,因为只有这样才能保证桑叶的新鲜度。为此他常常在太阳还未升起时,就摸黑采桑叶,担桑叶。在桑叶加工过程中,他通过不断摸索,研究出了桑叶加工的十几道工序。

在机器加工上,他也是煞费苦心,通过改进和反复试验,他将能量消耗大的方形锅改成了圆形锅。经过层层加工后的桑叶,最终还要进行一次筛选,只留下碧绿的桑叶。最终,加工出来的桑叶外观漂亮、鲜嫩,口感甚佳。有了优质的桑叶产品,王基兵对包装的要求也十分严格。在洁净的包装车间内,员工们一律戴着头套、口罩和手套,将加工后的桑叶菜经过称重后仔细地放到包装袋中进行封口。就这样,一袋袋品相兼优的桑叶菜终于可以出售了。

王基兵将桑叶菜推荐给了做食品生意批发的朋友郑锦良。郑锦良将桑叶菜送进了一些餐馆,让其接受顾客的检验。其中一家餐馆将桑叶做成了一道名为上汤桑叶菜的菜品。结果这道菜在那家酒店的销量排名一跃进了前三,桑叶菜那独特的清香、鲜嫩和较高的营养价值受到了消费者的特别钟爱。 桑叶菜逐渐被越来越多的酒家知晓和接受,石牯塘镇的村民也明白了原来卖桑叶也可以挣钱。于是他们主动找到王基兵,表示愿意提供自家的桑叶。王基兵终于可以不再费心种植,而是专注于桑叶的加工了。

良心赢信誉

虽然当地村民愿意将自家的桑叶卖给王基兵,但从村民那里收购的桑叶鱼龙混杂,品质不一,甚至有些村民为了压秤,在桑叶中加水。对此王基兵一方面耐心地与村民们沟通,解释桑叶品质的重要性;一方面严格把关,拒绝收购不合格的桑叶。为保证采购质量,他还经常到桑叶种植地,对村民桑叶采摘进行监督和指导。在王基兵的要求和监督下,所收购的桑叶质量得到了保证,但村民在桑叶内加水的行为还是时有发生。

到了 2015 年,桑叶加水的情况因为王基兵的一次重大损失而发生了改变。

一天,王基兵突然接到了批发商的电话,说酒店在打开包装后,发现桑叶菜已发黄,虽然仍可食用,但口感和营养均大打折扣。王基兵发现,在运输的过程中,掺水的桑叶经过解冻又复冻导致了桑叶菜发黄。为了挽回影响,王基兵召回并销毁了 20 多万元的桑叶菜,他个人损失达 130 多万元。这次损失导致公司的资金链断裂,他甚至连收购桑叶的钱都没有了。

朋友得知情况后,主动借给了他 50 多万元。王基兵的公司得以重新启动桑叶收购,而这一次,他发现村民所提供的桑叶合格率非常高,加水的情况几乎杜绝了。原来,当村民听说了王基兵的遭遇后,感到十分愧疚,真正认识到了桑叶品质的重要性。他们要通过自己的改变,弥补王基兵遭受的损失,让王基兵的生意长久顺利地做下去。通过这件事,许多批发商也了解了王基兵讲诚信的优良品质,很多人主动找上门来寻求合作。

看到王基兵的桑叶菜生意日渐红火,许多人也开始学着他的样子,开起了小厂子卖桑叶菜。由于他们不注重质量品质,质量差、价格低的桑叶菜给王基兵的公司带来了不小的冲击。但他坚定地认为,以价格取胜是不能久远的。只有坚持品质至上,才能在市场上站稳脚跟。而长期以来,王基兵对桑叶菜产品的严格的要求,也为他赢得了良好的口碑。

不忘初衷,秉持良心,这样的企业不会垮,这样的精神永不倒。(张 颖)

老兵不老，玩转神药显"风流"

——访湖南承康生态农业科技有限公司总经理王亚军

"俱往矣，数风流人物，还看今朝！"

当毛主席的这首《沁园春·雪》响彻神州大地之时，无数青年为之热血沸腾、激动不已，激励着他们排除万难、勇往直前。

王亚军就是其中一员。

这位"当过兵""扛过枪""立过功""授过奖"的优秀战士，这位"下过岗""上过访""受过骗"的退伍老兵，这位"创过业""纳过税"的先进工作者，这位"带过头""帮过人""建设过美丽乡村"的"老班长"，凭借一股"韧劲"、一股军人独有的"执拗劲"，硬是从一名"愤世嫉俗"的上访者成为"指点江山"的成功企业家，走出了属于他的"蝶变"之路，成为这个时代的"风流人物"。

迷失的心——上访

谁的青春不飞扬，王亚军这位出生于湖南省衡南县栗江镇界牌村的高中毕业生，怀揣着梦想，1985 年 12 月，毅然决然地踏上了征兵的火车，成为一名光荣的解放军战士。

穿上绿色军装走进军营，迈进了人生的第一站，这一站王亚军走得很精彩。他服役 13 年，1988 年 4 月加入了中国共产党，荣立三等功一次，年年被评为优秀士兵，最后成长为一名三级士官，走向了军旅生涯的巅峰。

1999 年 4 月，作为一名三级士官离开部队时，王亚军被安置到县粮食局的一个下属企业,但"好景不长"——因企业改制,他下岗了。

退役、下岗,巨大的落差让这位拥有 13 年兵龄的"老兵"迷失了。

于是,王亚军成为一位"上访者"。

王亚军说:"回到地方后,心情一落千丈,非常失落,偏激地认为只有通过上访才能争取到自己应得的利益"。随后几年间,作为衡阳市转业志愿兵的代表,王亚军聚集一批战友,经常到县政府、市政府、省政府上访。一时成了与政府机关人员一起上下班的"上访族"——每天早上 8 点钟之前,他就和战友们来到政府机关部门的办公室,中午吃睡都在那里,直到下午 6 点下班时才离开。

"混吃等死",当王亚军回忆起这段经历时,无不懊悔地用一句"土话"说道。"颓废、虚度光阴"这是王亚军对"上访"经历的总结。

就这样,光阴在上访中悄然而逝。一名有着无限前程的三级退伍士官在上访中白白浪费了大好时光。王亚军追悔莫及地说道。

"神药"里的致富路

湖南,华夏文明的重要发祥地之一。这里人杰地灵,不仅相继诞生了曾国藩、毛泽东等伟人,更是中华"神药"——青蒿素的原产地之一,有"世界青蒿之乡"的美誉。

2012 年,经战友介绍,王亚军决定种植青蒿。

这是他在继参军之后的又一次人生转折,也是他在"上访、迷茫、再上访"的恶性循环中的一次"涅槃"。

对于这次转折,王亚军满怀深情地说,多亏了政府及其相关部门负责人多次耐心细致的劝导和解释,多亏国家的好政策,也多亏了战友对他的不离不弃,才让他从颓废、迷茫的阴影中走出来,重拾了生活的信心。

对于决定种植青蒿,王亚军说不仅仅是因为青蒿是"神药",那时青蒿还没有火起来,他在跑运输的过程中有件事深深地触动了他,才让他下定决心的。

一次跑运输时，因为耽搁半夜才到达目的地，搬运工已经休息了，望着满满的一车货，王亚军一筹莫展。看到这种情况，拥有千万身价的收货方老板，二话没说，当即赤膊上阵卸货，此情此景，让王亚军震撼了。一个拥有身价千万的老板都能如此，我作为一个当过兵的人、一个急需改变的人、一个比老板还年轻还无作为的人为什么不能吃苦，为什么不能有一番作为？

回家之后，王亚军不再犹豫，他立即通过战友关系，先后对永州、怀化和四川酉阳等青蒿种植基地进行了认真考察。没有资金，王亚军通过"朋友借""银行贷""政府帮"的形式，东拼西凑了8万元启动资金。没有技术，王亚军多次去外地拜师学艺，还买回专业种植书籍，认真学习种植技术。就这样王亚军的第一个创业项目——种植青蒿素正式启动。

万事开头难，王亚军遇到的第一个困难就是父母坚决反对，妻子不理解。父母说我们祖祖辈辈面朝黄土背朝天，以种田为生，好不容易把你送去当兵，解决了一个"铁饭碗"，你却又回到农村搬泥巴，把父母脸丢尽了。妻子说，农村包地种田赚不到钱，我跟你受苦倒无所谓，可孩子今后怎么办？我寻思，父母说得有道理，妻子担心也正确。但我认为所做的选择没有错。不经历风雨，怎能见彩虹？部队铸就了我坚定的性格，瞄准了目标，一旦上膛击发，就像射出的子弹一往无前。我耐心地开导父母和妻子，用农村创业成功的故事说服他们，取得了家人的支持。

创业是艰辛的。"那时候，我们住在衡阳市区，每天天不亮，亚军就用摩托车载着我，奔波40多公里，来到青蒿种植基地。为了节约时间和开支，我们带着孩子吃住在基地，有时一整天吃方便面，把石头当凳，木板当床，几乎所有的事情都是自己动手。有时候累了，他坐在石头上就睡着了。"说起种植事业伊始的艰辛，王亚军的妻子至今仍唏嘘不已。

苍天不负有心人，一分耕耘一分收获。王亚军当年试种的青蒿一举成功——不仅收回了成本，还赚了几万元。让王亚特别军感动的是，回乡创业后，衡南县政府及人社、民政等部门不计前嫌，相继在政策、资金、项目等方面提供有力的帮扶,终于让他从"中华神药"——青蒿中掘到了第一桶金。

机遇,总在风雨后

机遇总是留给有准备的人。2015 年,注定是不平凡的一年。这一年,"青蒿素"这个籍籍无名的词一下子火遍全世界。这一年的 10 月 5 日,瑞典卡罗琳医学院宣布,中国科学家屠呦呦获得了诺贝尔生理学或医学奖。屠呦呦的突出贡献是创制新型抗疟药——青蒿素和双氢青蒿素。这是中国生物医学界迄今为止获得的世界级最高级大奖。借着这股"东风",王亚军种植的青蒿也着实"火"了一把,他的青蒿成为各大药厂的香馍馍,供不应求,这也点燃了他更大的"野心"。他乘势而上,注册成立了衡南县丰盈农林种植专业合作社。在当地政府部门的大力支持下, 他与栗江、松江两镇 5 个村的 24 个村民小组, 陆续签订了 2600 亩土地的流转协议,并与 54 户农民筹资 300 万元,进一步扩大青蒿种植面积。截至目前,该合作社现有社员 84 人,其中退伍军人 27 人,已辐射周边 3 个乡镇 24 个村、60 个村民小组,300 多家农户。采取"合作社 + 基地 + 农户"的经营模式,安排农村富余劳力就业 200 人,年产值近 1000 万元,上缴利税 50 多万元,被评为衡阳市先进家庭农场、衡南县创业示范基地,被选定为退伍军人自主创业培训基地。

王亚军说:"我的中长期目标是打造青蒿专业种植基地, 实现年产值 3000 万元,成为衡南县乃至衡阳市颇有影响力的农村专业合作社。"

"诺奖青蒿素"是世界医学史的奇迹,它挽救了无数人的生命,也让王亚军这位创业者迈上了成功之道。

逆境求生,方显军人本色

"王亚军被骗了。"在王亚军成立湖南承康生态农业科技有限公司不到半年的时间,一个惊人的消息不胫而走。

原来,王亚军借势造势,凭借自己种植的"诺奖"青蒿素成立了湖南承康生态农业科技有限公司,向多家药厂供应青蒿素原材料。为了快速打开销路,他从网上找到一家药厂开始供货,在没有仔细考察的情况下,轻率地向对方发了100多万元的货。货发出了,货款却杳无音讯,等王亚军找上门时,却是"查无此公司""查无此人"。

受骗后的王亚军虽一时很沮丧,但军人的本色让他会很快调整了心态,重新投入到新的工作中。

吃一堑长一智。在以后的市场拓展中,王亚军亲力亲为,仔细甄别每一个客户。凭借他的那一股军人的"执拗劲",练就了一双火眼金睛,通过与客户的交流,他能立马判断出客户市场大小、所需原材料多少、资金是否充裕、诚信度有多高,从而为自己制定相应的供货策略,为企业的快速发展打下了坚实的基础。

但是,被骗的可能还是有的,那段时间资金问题一直困扰着王亚军,让他经常感到捉襟见肘。有一次,他拿到了一笔大的订单,但资金短缺,又不愿放弃,于是他把真实情况告知了对方。对方听了他的遭遇,在考察完他的公司后,马上给他打了一笔预付款,让他渡过难关。

商海沉浮,打拼多年,王亚军凭借一双火眼金睛、凭借一股军人的"执拗"和诚信,"逆境求生",不断地开疆辟土,让企业越做越大,成为衡阳市市级龙头企业。

退伍不褪色,永做"老班长"

企业越做越大,王亚军的"交际圈"也越来越大,每当看到军人,特别是退伍军人,王亚军的战友情都会油然而生,免不了想起自己那一段不齿的"上访之路",为了避免让更多的退伍军人重蹈覆辙,他成立了"退役军人之家",关心600多名涉军上访人员的工作生活问题。他坚持每年帮扶家庭困难复转军人和

困难群众,并积极协助政府做好涉军维稳工作,主动承担起了"班长"的角色:

界牌村村民、退伍老兵贺承贵,由于爱人身体不好,女儿又患上精神病,家里十分困难——他免费帮扶。

战友朱跃兵夫妻双双下岗,两个孩子读大学,家庭生活陷入困境——他雪中送炭,主动帮他们交"养老金和医疗保险金";

上访户军转志愿兵王小洪下岗后患上了白血病——他不仅送上 5000 元慰问金,还请求民政部门和医保中心为王小洪解决医药费和救济款 7500 元。

战友周春华从茶市镇农技站分流后,情绪非常低落,多次带头赴省进京上访——他多次找他促膝谈心,以亲身经历感召,后来周春华放弃上访,加入了合作社。

美丽乡村建设,他捐助 20 万元。

政府公益,总见他跑前跑后。

……

久而久之,战友和乡亲都形成了一条口头禅:有事找"老班长"!

一声"老班长",让王亚军笑在心中,美到骨子里。他说:我不要别人的赞美和感谢,只要一声"老班长"足矣。

朴实无华的话语,让我们再一次见证了一位"退伍不褪色,永做老班长"的军人情怀。

采访结束后,一个消息传来:今年 10 月 26 日,作为衡阳市唯一的退役军人先进代表,王亚军出席了湖南省"双带双促"(带头建设家乡,促进经济发展;带头维护稳定,促进社会和谐)活动典型事迹报告会,并在大会上作典型发言,受到了省政府、省军区领导的充分肯定……

这里我们预祝王亚军和他的企业在今后的商海中取得更大的成绩,用更多的善意回馈社会。

（张　颖）

果蔬合作社的赤子心

——访学成果蔬合作社创始人韦学成

从蓝领到"庄主"

　　韦学成生长在广西壮族自治区柳州市忻城县大塘镇寨南村三寨屯,是一个土生土长的农民。这里淳朴的风土人情,孕育了憨厚踏实的农民。在自然而简朴的环境中,韦学成在学校努力学习,放学后积极从事农业活动,与种植结下了不解之缘。1993年中学毕业后,韦学成和村里的亲戚一起到柳州闯荡,并参加学校培训,学习专业知识,掌握就业本领。韦学成在校学习的主要是电工技术。由于勤奋好学,他的技术越来越扎实,先后和同事漂亮地完成了几个大工程。他曾在南方电网公司做技术工作,随后辗转至十一冶做技术工人,月薪也从最初的几百元涨到近6000元。经过几年的拼搏,韦学成在这个城市站稳了脚跟,成了让人羡慕的高薪蓝领。

　　然而,缘于对故土的热爱,2013年,韦学成毅然辞职离开了柳州,回乡创业。对于他的举动,身边的同事及亲友颇不理解。为什么他如此坚决地选择自己创业?原来,2013年春节,韦学成回到老家三寨屯,看到家乡已经被开发成美丽的生态旅游景区,每天来游玩的游客络绎不绝,他从中看到了商机,开始为自己设计未来。

　　此外,遇见老板罗运辉更让他下定了创业的决心。罗运辉是桂林兴安人,有丰富的种植经验,2014年到忻城县大塘镇考察商机时与韦学成结识,一来二去,两人成了无话不谈的朋友。眼下,他种植的近 20 亩草莓在春节时已开园迎客,35 亩葡萄也长势喜人。在与罗运辉的交流中,曾经对未来一片迷茫的韦学成看到了创业的希望。就这样,带着对未来的期盼,怀着农民的赤子之心,韦学成义无反顾地走上了创业之路,开始了他与学成果蔬合作社的故事。

脚踏实地,迎难而上

说干就干,长期在外奔波的韦学成是个"行动家"。辞职后,他立即启动自己的生态庄园计划。第一步是联系租地,从小在村里生活,他不费多大力就租到了近 80 亩地,租期为 5 年;第二步是给葡萄树安装架子。在葡萄基地,韦学成的母亲对笔者说:"这种架子本地人不会做,都是罗运辉叫他的朋友过来帮忙搭建的,葡萄种子和草莓品种也是他帮忙挑选。种植技术也要向他学。"

"孩子刚回来就种那么多果树,也不知道前景怎样。现在人工费挺高的,我们两个老人也帮不了他什么,就在果园帮他除除草、松松土。"对于韦学成的决定,他的母亲虽有疑虑,但是依然坚定地支持孩子创业。

家人的支持对于韦学成来说是一种巨大的精神力量,这种无形的力量让他在成立"学成果蔬合作社"这条路上勇往直前。除了家人,韦学成在创业路上也遇到了很多贵人,这些人为他创业提供了很大帮助。他们村的党支部书记蓝建图在他创办学成果蔬合作社的过程中提供了很多的建议和支持。此外,韦学成在创业过程中集中大部分精力在项目上,所以他的合伙人蓝家尚在管理公司方面给韦学成也提供了很多的建议,为他排忧解难。

一个人的成功,离不开他人的鼓励和支持。而取得他人的支持,取决于自己的魅力和品质。韦学成淳朴善良的品质,吸引了他生命中贵人的出现。而贵人的支持和帮助,在他的创业路上发挥了无可替代的作用。

韦学成也对自己的创业充满信心。在忻城县大塘镇学成果蔬专业合作社基地现场,他侃侃道出自己的打算与远景规划。资金投入、争取政府支持、技术问题、养鸭用粪做果蔬肥料……该考虑到的问题,韦学成都细心考虑到了。通过依托大塘镇三寨沟风景区县级生态旅游示范点的区位优势,立足良好的农业生态资源,韦学成在农业领域推行生态循环产业。目前,他的合作社已种植葡萄 27 亩、提子 8 亩、沃柑 34 亩。在卖出第一批鸭子后,他又养了 8000 多只鸭子以及罗非鱼等鱼类 2000 多尾。

在大众创业、万众创新的发展潮流中,创业的大潮波涛汹涌,看似平静的水面下也许就潜伏着暗礁。韦学成的学成果蔬合作社在创业过程中也遇到了很多的困难和凶险,然而正是这些困难的存在,才让学成果蔬合作社这棵大树更加茁壮挺拔。

在学成果蔬合作社刚刚起步的时候,只有初中学历的韦学成并没有诸如会计证等的申请项目需要的证书和证明。同时,资金缺乏成了学成果蔬合作社创立过程中的重大瓶颈。但天无绝人之路,当一个人真正想干成某件事的时候,就会有知心人来帮忙。没有相关的证书,韦学成就托人帮忙;没有资金,韦学成就想办法获得政府的支持和帮助。终于,凭着身上不畏艰难的韧劲儿,韦学成终于制服了成功路上的两大拦路虎。此外,农业种植技术也是一个难题,为了克服它,韦学成就请来了有相关工作经验的人充当学成果蔬合作社的内部技术人员。越过了种种坎坷,学成果蔬合作社终于走上了坦途。

韦学成虽然是农民出身,但他身上所具有的远见卓识和深谋远虑,是很多人所不具有的。"眼界决定境界",正是韦学成开阔的眼界,使他跳出了工薪一族的圈子,在学成果蔬合作社创业路上越走越顺当。

果蔬前景,来日可期

广西壮族自治区柳州市忻城县大力推进农村改革,加快构建特色农业产业体系,坚持五大发展理念,把高效农业和特色农业结合起来,以"特色农业 +"模式,构建现代效益农业。通过龙头企业、农民合作社、家庭农场等新型农业经营主体的参与带动,依托特色农业生产大户,为周边困难群众提供劳动岗位,积极引导群众培育和发展符合本地实际的特色农业产业,变"输血"式扶贫为"造血"式扶贫,切实帮助贫困户增收致富。目前,特色农业产业大户已成为引领全县农民增收致富的主力军,在提高自身生产效益的同时,带动了周边群众致富,达到了"双赢"效果。

近年来,该县通过舞龙头、抓合作、强基地、创品牌,着力发展农民专业合作社,使农民由"单打独斗"向"抱团经营"转变。

截至目前,全县累计发展种植业、林业、养殖业和服务业四大类农民专业合作社 300 家,新增家庭农场 30 个,带动周边农民增收超过 2 亿元。

如今,专业合作社纷纷成立,该县逐步形成"建一个组织,兴一地产业,活一方经济,富一方百姓"的新格局。

正是在"特色农业 +"的背景下,涌现出了一批像韦学成这样有着敢拼敢闯的精神,利用商机创业的人。韦学成创办的学成果蔬合作社,正好赶上了广西壮族自治区柳州市忻城县农村从业改革的潮流。

农村农业改革,扩建生态农业是中国农业发展的趋势。在农业改革的大背景下,韦学成的学成果蔬合作社发展势态良好,发展前景光明,果蔬合作社呈现出欣欣向荣的新面貌。

韦学成表示,学成果蔬农业合作社将来会与互联网接轨,产品通过线上平台销售。但是,现阶段还必须克服一些如"冷藏保鲜"的技术问题。一旦条件成熟,学成果蔬农业合作社就会进入一个快速发展的新时期。

随着社会经济的发展,生态农业符合中国的可持续发展道路。让我们拭目以待,期待韦学成给我们带来更多的惊喜。 (张 颖)

"恐怖"的幸福者
——访藤县金鸡镇杰源合作社(广西)社长魏森礼

提到广西,人们想到的是旅游胜地,载歌载舞的少数民族、桂林山水甲于天下、山清水秀的自然恩赐。广西的特殊在于它独特的地理环境,整个地势多山地多水。然而风景优美的地方并不一定适合种植粮食,广西地区现在还存在一些国家级贫困县。

好山好水养育了一批批踏实肯干的养殖能手,他们掌握先进的养殖技术,赋予了这片神来之笔的秀美土地更多的时代精神和人文内涵。各种各样的养殖业使一个个偏僻的小山村热闹起来了,道路、交通等基础设施也渐趋发达完善。落后的小山村似乎焕发了生机,也迎来了更多的发展机遇。

魏森礼,即是众多养殖能手中的一员。同时他也是带领村民养蛇致富的弄潮儿,受到大家爱戴。他的经历也具有一定的传奇性和示范性。

敢于选择 拾起童年旧梦

魏森礼,出生于风光秀美的藤县金鸡镇。

藤县隶属于广西梧州市,多年来以水稻果树种植为主。魏森礼从小接触到一些农业养殖和种植的技术,并能够熟练掌握,在农忙时为家里出力,当地人对他的评价是:"肯出力,脑子又活络"。从小魏森礼的脑海里就萌生出一个梦想,长大后开一个大型的养殖场,发挥自己的专长。

藤县地形以山地为主,是一个农业县,工业并不发达。十几年前,小镇里涌起一股外出打工的热潮,魏森礼也加入到其中,暂时搁置了他童年时的梦想。

2011 年,在广东务工的魏森礼了解到蛇类养殖经营的信息。当时蛇类养殖在市场上竞争并不激烈,市场前景应该不错。魏森礼看到这是一个机会,于是他辞工返乡,萌生了创业养蛇的念头。

魏森礼此时已经有了一定的创业能力和社会阅历,回村后着手要大干一场。不懂技术,他上网自学,有了初步的养蛇知识后,他试养了一千多条眼镜蛇幼蛇,但由于管护不到位,幼蛇存活率低,饲养支出也花费不少,一年下来就亏了十多万元。

这次失败并没有让魏森礼气馁,他是一个不服输的人。他认真分析了失败的原因,又请教了有关专家,他决心重整旗鼓,再度出发。

一念既起 潜心学习

"可能是有点急于求成了。"第一次的创业不顺让魏森礼认识到技术的重要性,于是他到藤州镇平政村的一个养蛇的亲戚家当学徒,决定把心沉静下来,潜心学习关于养蛇的技术。"如果网上学来的知识没有问题,那问题就是缺乏对于知识的观察和运用。"魏森礼擅长总结和观察,他通过熟悉蛇的习性,学会了根据蛇的生活特性来筑造蛇巢和喂食。按照蛇的野生习性进行饲养,可以增加蛇的活动量,提高肉的品质,使肤色光亮。同事笑他:"喂完蛇食,还会忘了给自己喂食,饭都不记得吃。"

还有蛇的品种的衡量与考虑,蛇的冬眠问题等等,创业前期的艰辛与疲惫,创业路途上的筚路蓝缕,种种复杂,辛苦付出,不在话下。为了把握好这次创业机会,魏森礼反复查阅资料,跑了省外好几个地方。通过市场调研和对藤县养殖条件的权衡，他确立以养殖舟山眼镜蛇和水律蛇为主。2012 年，魏森礼筹资数十万，在家门口办起了养蛇场，他继续购买养蛇书籍，学习养蛇知识。付出终于有了收获，第一年就赚了不少，与此同时积累的不仅仅是财富，还有更宝贵的实践经验，这也为后来他牵头成立合作社奠定了基础。他还兼养收益周期短的田螺，丰富合作社收入来源。正是凭着他用在学习上的拼劲，认真研究，敢于质疑，不断改革，合作社经营的风生水起，成为当地第四家大型特种养殖基地。金鸡镇养殖产业焕然一新。

虽说养蛇步入了正轨，但他不敢掉以轻心。他每一天都很长时间的蹲守，夜夜游走于各个蛇屋之间，他的技术日臻成熟。遇到向他讨教养殖经验的，他也大大方方地与人分享，受到大家的赞扬。

乘着改革的春风

然而，当魏森礼的养殖场做得风生水起，要带动村民一起致富时，却因为一些具体问题，特种养殖许可手续迟迟办不下来。眼看着万事俱备只欠东风，可这张证书难坏了魏森礼。不过他并没有乱了阵脚，依然踏踏实实，认认真真地经营着自己的养殖场，诚信经营，从不拖欠工人工资，树立了良好的信誉和口碑。在村民眼中，魏森礼诚信、仗义，大家都愿意跟着他干。他说："诚信做人，诚信做事是最重要的，是立业的根本，是做好一切的前提。"

命运总是青睐于有准备的人。杰源合作社的计划并没有就这样流产，而是不断酝酿，蛰伏。这颗种子已经被小心翼翼地呵护好，像儿时的梦想一样闪闪发光，在等待，等待一阵春风，就可以破土而出，茁壮成长。

果然，春风来了。扶贫政策带来的一系列好处犹如一阵春风，滋润着广西各个小山村，也滋润了一个个创业者的心田。

2016 年精准扶贫工作全面开展后，同安村后盾帮扶单位市林业局作为特种养殖监管部门,派出干部考察评估魏森礼的养蛇项目后,决定将藤县金鸡镇杰源合作社打造成重点产业扶贫项目。这无疑是一个好消息!魏森礼的合作社在各个条件上都十分优秀,又能极大地调动村民们脱贫的积极性,实现政府和群众的期望,他要撸起袖子大干一场。

魏森礼确定了新养蛇场的选址,并进行养殖技术改良。随后,他又牵头成立农民专业合作社,由此扩大养殖规模,有如水到渠成,顺利成为全市第四家手续齐全的特种养殖基地。乘着改革的春风,再加上众望所归,只等着数钱了。

山村大变样　旧貌换新颜

养殖事业逐步进入轨道之后,魏森礼开始四处考察,寻找适合养蛇的场地,希望进一步扩大养殖规模。同时,他也在进一步更新产品结构,优化合作管理方式,增强蛇类产品的核心竞争力。他将蛇的毒液和蛇蜕用来药用,蛇的肉经过简单加工再进行销售,通过延长产业链进一步带着员工及村民实现创收增收,将市场的主动权更多地掌握在自己手里。

据魏森礼介绍,新蛇场一期规划建设面积 2000 平方米,通过吸纳贫困户小额扶贫贷款及村民、企业主资金入股,总投资超过一百万元。新蛇场以养殖舟山眼镜蛇和水律蛇为主,兼养收益周期短的田螺,丰富合作社收入来源,提振村民创业信心。"等村民掌握养蛇技术后,合作社将对蛇场进行网格化管理,把蛇卵分包到户进行试养。我希望培养出更多养蛇大户。大家一起,先富带后富,共同走上富裕的道路。"魏森礼自信地说。

藤县整个的创业氛围一点点发生了改变,原先外出打工的人看到在家乡也能挣钱,就不外出了,养蛇留住了青壮劳动力,大家一起共同建设秀美藤县。

这可喜的变化当然离不开以魏森礼为代表的一批养殖能手和企业家的努力。魏森礼对现在的成就还不是很满意,他心中还有更大的蓝图,让喜气洋洋的笑容出现在更多人的脸上。

采访结束后,魏森礼又开始了合作社事物的忙碌。或许这就是山里人坚韧的品质:能吃苦,爱学习,敢于拼搏。我仿佛看到为了藤县的明天更美好,大家都热火朝天,干劲十足。相信魏森礼的梦想会一点点实现,祝他们在脱贫致富的路上走得更好更远。　　　　　　　　　　　　　　　　　　　　　　　(张　颖)

让世界因为我们更洁净
——访北京奥华美洁投资发展有限公司董事长张立

2001 年,北京奥华美洁保洁有限公司成立;

2006 年,由于"五一"黄金周期间在天安门地区环境卫生保障工作中成绩显著,奥华美洁公司被北京市环境卫生协会、北京市清洗保洁专业委员会予以表彰,有关事迹先后被北京电视台《特别关注》、中央电视台《新闻联播》报道;

2006 年 9 月,奥华美洁被北京市环境卫生协会清洗保洁专业委员会评为诚信企业;2011 年 4 月, 被北京市工商联清洗保洁业商会评为副会长单位;2012 年 7 月,被评为"中国时代风采"第三届中国时代诚信企业示范单位;2014 年 9 月,被评为北京市清洁保洁服务企业资质等级二级企业;2014 年 12 月,被北京巴中企业商会评为监事长单位;

每当张立看着那挂在公司墙上的一个个荣誉牌匾之时,他的心中都充满了欣慰之情,他很骄傲首都北京的光鲜亮丽中有自己的一份功劳,也很欣喜世界的洁净中有奥华美洁人的汗水与期待。在他与一帮同仁的努力下,奥华美洁已经成为保洁行业的金字招牌。然而,当时间回到 1990 年,当那个背负着家庭重担与人生理想的他初次踏上北京这片土地时,没有人知道,当时那个少年的心中充满的是茫然与无助……

独闯京城 他坚信命运可以自己书写

张立,1974 出生,四川省巴中市巴州区群乐乡人,家中世代以种地为生。那个年代，整个中国的经济状况都不好，更不要说位于山区的张立一家了，身为长子的他自小就比同龄人更懂事，总是渴望能够做点什么为父母分担家庭重担。1990年，为了让弟弟妹妹拥有更好的生活，张立与初中同学一起，乘着春节刚过的寒风来到了首都北京。

"当时，刚走出火车站，我的脑子就一片空白，因为在家乡的时候我从没见过那么多人，那么多的高楼大厦。"首都的繁荣昌盛曾令张立望而却步，他不知道自己如何才能在这里立足。"但后来我又想，既然来了，总要试试，如果不去试试，我一辈子都不会甘心。"

张立这一试便尝遍了各种艰辛与劳苦。为了生计，他不得不四处奔波，他跟过车，也当过钢模板工人；修过马路，也在灰膏厂干过；种过菜，也拉过砖坯；制过瓶盖，也送过春卷……如今，回忆起那段岁月，张立的声音里更多的是一份从容，"当时确实觉得很苦，但现在回过头去看，那些经历都是我人生的宝贵财富。"

1991年，张立迎来了自己人生的第一个转折点，他找到了一份在饭馆洗菜刷碗的工作。老板看重他的勤快能干，一个月后让他开始负责买菜、收款，不久又将他调到自己的建材门市和汽车配件门市工作。"他是我人生中遇到的第一位贵人，也是他让我知道了一个道理，那就是有没有高学历不重要，没有深厚的家庭背景也没关系，天道酬勤，只要勤奋刻苦就一定能获得应有的回报。"

在北京慢慢稳定下来的张立，开始思考自己的人生，他常常问自己一个问题：你想干什么？你能干什么？

20世纪90年代，保洁服务行业在北京悄然兴起，这是一个需要大量从业人员的行业。张立敏锐地发现，保洁服务行业工作对于像他这样的外来务工人员来说是一个绝好的机遇。"当时我就想，随着生活水平的提高，人们对清洁的要求只会越来越高，保洁工作不需要高学历，只要四肢健全的人都能干，而且干得好了还有很大的发展空间。"机会总是留给有准备的人，已经准备好亲手书写自己命运的张立婉拒了老板的多番挽留，毅然辞去了稳定的工作，于 1995 年应聘到一家保洁公司成为一名保洁人员。

坚忍不拔　保洁工作成就非凡事业

最初，张立被指定负责中石化大堂的保洁工作。和一般的打工者不同，张立特别注意个人形象问题，他衣着从来不马虎，仪容总是干净整洁，即使是在做保洁工作的时候，仍然穿着白衬衫、背带裤，并且始终面带笑容。

工作中的张立眼勤手快，他负责的区域从来都是一尘不染。没有借口，没有理由，他对自己的要求是任何时候都可以接受领导检查。凭着对工作的无限激情，张立获得了清洁公司经理的赏识，很快，他被提拔为领班，不久后又升为主管。他从最基层的清洁护理工作做起，短短几年的时间，就掌握了保洁公司的各个运营环节以及相关管理知识。

身为主管的张立，当时的月薪在北京保洁行业已经算得上是高薪。然而，生活的富足并非他追求的目标，他更希望自己能够有一番作为，成就一番傲人的事业。他分析行情，认为保洁行业是新兴的朝阳产业，而且对从业者的专业技术和文化素质没有太高要求，踏实肯干是基本要求，吃苦耐劳是晋升阶梯，对于像他这样的农村来京务工人员来说，是再合适不过的工作。"当时我想的是如果自己能够在这个行业有一席之地，就可以帮助老乡们，让他们也有个稳定的工作，不再东奔西跑。"

抱着这样的想法，张立开始考察市场，他放弃了高薪的主管职位，主动要求做公司的业务员，"因为业务员能够接触到各种各样的客户，可以第一时间了解客户的需求和市场的变化。"张立的行为令人不解，但他已经坚定了自己人生的奋斗目标。他相信，小小的保洁工作也能成就不凡的辉煌事业。

2000 年，北京申办 2008 年奥运会，张立意识到北京保洁市场的春天已经来临。"北京申奥是一件全球华人都关注的大事,北京的城市面貌必定会因为申奥有一个极大的改观。"张立告诉自己,一定要抓住这次机遇,他主动与北京的各大单位联系,跑断了腿说破了嘴,终于获得了承接全国人大附属楼、积水潭医院等3个单位墙面粉刷和清洗工作的资格。2000年对张立来说是非凡的一年,这一年,他意识到保洁工作可以精细、完美到何种程度;这一年,他收获了人生的第一桶金;这一年,他更加肯定了自己当初的选择;这一年成为他事业上的起点,从此,他得以在保洁行业大展拳脚。

2001年,北京奥华美洁保洁有限公司成立,张立担任董事长。"之所以取奥华美洁这个名字,是在祝愿北京申奥成功的同时,也希望我们公司能够为首都的美丽增光添彩。"公司成之初,只有3个人,张立夫妻俩外加一个会计。妻子的小卖部就是张立的办公室,公用电话就是办公电话,奥华美洁俨然成为北京最小的保洁公司。

好的开始是成功的一半。提起公司的第一笔业务,张立至今仍然记忆犹新。"我们的第一个客户是宝隆公寓,对方一开始是不相信我们这样的小公司的。"为了把业务揽到手,张立天天跑去找公司负责人,终于,他的真诚感动了对方,奥华美洁迎来了自己的第一位客户。"到今天,宝隆公寓和我们还有业务往来。"好的开始的确是成功的一半,但真正的成功却来源于持之以恒的坚持。宝隆公寓不只是奥华美洁的第一位顾客,也成为公司最长久的客户。

2006年5月黄金周,奥华美洁再次承接到一个大项目——天安门广场保洁服务,服务范围为北侧国旗杆至南侧毛主席纪念堂出口处。为了圆满完成任务,张立调派了公司所有的骨干员工,早晚班共安排了120人,外加30名应急人员。那一次,奥华美洁不仅顺利完成了任务,而且由于贡献突出,还收到总承包单位的表彰,北京电视台《特别关注》、中央电视台《新闻联播》也进行了相关报道,奥华美洁也因此在行业中打响了名声。

"中华企业、奥运标准、洁净世界、美丽地球",每当有人问起张立奥华美洁四个字的含义,他总是会豪情万丈地说出这样一句话来,这是他个人的梦想,也是奥华美洁全体员工的共同奋斗目标与美好祈愿。

目前,公司设有综合部、项目部、维修部等部门,并在长沙、成都、上海、西安等地设立了分公司,共有员工3200人。先后与100多家单位建立了长期友好的合作关系。

多年来,奥华美洁始终秉承"客户至上"的原则,以质量求生存,以信誉求发展,以服务求市场,在张立的领导下,公司员工人人踏实肯干,将吃苦耐劳的精神发扬到了极致,奥华美洁也因此成为北京市保洁市场中的明星企业。

以诚待人 善待员工帮助老乡

"要做事,先做人。对于一个企业来说,最珍贵的资源就是人才。"从成立公司之初,张立就将这样一句话刻在了自己的心底,在奥华美洁,人性化管理是公司的最大特色。张立从不以任何理由克扣员工的工资,"有一次因为跑业务,公司账面上的现金用完了。为了给员工发工资,我用尽了所有的关系,四处借钱,有人劝我说工资晚发两天没关系,可我不这么认为,我也是当过打工者的人,很清楚一份工资对于在外漂泊的人意味着什么,员工做好工作是对公司的基本承诺,而按时发工资则是公司对每一位员工应尽的责任。"

除了善待员工之外,张立对于在京的老乡也特别关注。2014年9月,当他听说在北京打工的巴中籍建筑工人陈海云的妻子被诊断出急性白血病后,立即组织公司员工捐款献爱心,同时向其他巴中籍的老乡发出了救助倡议。在他的努力下,奥华美洁员工共捐款6000多元,他本人也拿出了2万元。带着满满的祝福,张立将这部分钱亲自送到了陈海云夫妇的手中,帮助他们渡过了难关。"遗憾的是,最终陈海云的妻子还是去世了,留下4岁的孩子。"提起往事,张立的眼中闪烁泪光,但无情的现实并没能打消他的激情,从此以后,他更是不遗余力地帮助那些需要帮助的人,为他们带去温暖和希望。

心怀大爱 资助贫困学生重获新生

2015 年,中央电视台少儿部评选"最美孝心少年",来自河南新乡的张银行作为候选人参加了结对子帮扶计划。张银行的事迹被媒体报道后,受到了社会的普遍关注,张立获知张银行的情况后,毅然决定对他进行资助。他将张银行接到自己在北京的家中住了 7 天,像对待自己的孩子一样对待这位少年,带他去北京大学、清华大学和首都的名胜古迹游玩,并鼓励他好好学习,承诺只要他考上北京的学校,将会承担他大学期间的所有费用。

"其实,帮助一名贫困学生并不需要太多钱。但这笔钱对于他们来说特别重要,足以改变人生。"除了张银行之外,张立还长期资助老家巴中的两位贫困学生,2015 年 7 月初,他参加中国职业安全健康协会高空服务业分会委员会议期间,专程去看望了一位由维吾尔族家庭抚养的汉族孤儿——阿丽娅,为他们全家带去了慰问款。他说,"被善待过的人也会善待别人,我希望他们不会因为贫穷而失去奋斗的机会,更希望他们将来能够把这份爱心传播下去,有能力的时候去帮助更多需要帮助的人。"因为曾经贫困,所以理解,因为曾被善待,所以也愿意善待别人。爱心需要传承,在传承爱心的这条道路上,张立为所有人树立了最好的榜样。

未来,张立将一如既往地以饱满的激情经营好公司,将分公司开到全国各地,让保洁行业覆盖更大的范围和更多的地区,美化城市环境,带动地方就业,让越来越多的人感受到幸福。

"现在的行业现状是愿意从事保洁基层工作的人越来越少,年轻人不愿意做,而 60 后、70 后却在逐渐老去。"同时,前瞻性的目光也让张立意识到了公司即将面临的巨大挑战。在多次前往美国、中国台湾等地进行考察后,他努力学习发达国家的先进经验,在加紧培养人才的同时,提高保洁工作机械化程度,并始终坚持不忘初心,自强不息,在激烈的市场竞争中不断超越,携爱前行,带领奥华美洁的全体员工再创辉煌。

(张 颖)

退伍军人再圆创业梦

——访江西省宜春市奉新县沛军苗木场董事长张沛军

人们常说："善待环境,就是善待我们自己。"近年来,随着社会经济的快速发展,城市化进程的加快,人们越来越意识到环境保护对我们的重要性。面对越发严重的城市污染,为了让天空飘荡的白云不被滚滚黑烟所替代,为了我们的蓝天不被雾霾所笼罩,也为了满足现代城市生活质量与居民需求层次提高的要求,美化城市景观,改善生活环境,推动生态文明建设,已经成为当前城市可持续发展的重要内容。

对此,江西省宜春市奉新县沛军苗木场董事长张沛军认为,创办苗木场,培育优良苗木品种,推动城市绿化建设,是实现自我价值和社会价值的好方法。但这是"机遇",也是"挑战",需要不断学习,克服困难,以"诚信为本,质量第一"的标准,培育出适合不同地区的苗木,从而打造出全国品牌,为当地经济的发展,社会的可持续发展贡献一份力量。十几年来,张沛军艰苦创业,带领农民脱贫致富,带来了兴业富民的满园春色。

自强不息,圆梦今朝

植树造林,功在千秋。从小就生活在农村的张沛军,对此深信不疑。小小年纪,张沛军就计划着将来可以种植树木,让"荒山"变"金山""青山"。可是,计划总赶不上变化,由于家庭经济困难,张沛军早早地就被家里送去参军。他的创业梦还没来得及和家里人提起,就被扼杀在摇篮里。

1999 年 12 月,21 岁的张沛军退伍回到家中, 向家人提出了自己创业的想法,并得到了父亲的大力支持,从此他便全身心地投入到苗木种植中。张沛军身上有股军人特有的刚毅和吃苦耐劳的精神。他沉下心来,学习苗木栽培技术,遇到不懂的就翻阅资料,请教专业人员,整天泡在苗木基地里。经过不懈的努力,他的事业渐有起色,苗木基地由最初的几十亩发展到 300 亩,并于 2009 年正式注册成立了奉新县沛军苗木场。

万事开头难,苗木场刚刚起步时,没有资金,没有创业团队,没有优势品牌,没有成熟的销售渠道……但他没有气馁,军人不屈的精神告诉他,办法总是能想出来的,没有什么困难是克服不了的。于是,他拿出家里仅有的积蓄,加上东挪西借的钱,勉强凑够了启动资金;为了尽快打开销售渠道,他都是自己跑业务,主动登门拜访客户,为客户介绍产品;为了在市场竞争中立于不败之地,他追求以质量取胜。他不断地学习技术,细心钻研,以保证高质量苗木的产出。

张沛军说:"虽然自己的付出和努力十分重要,但父亲背后的支持更是让我能始终保持前进的动力。"在张沛军外出工作时,父亲总是一声不吭地到基地帮助他处理各种事情。

在张沛军的带领下,苗木基地渐渐走入正轨,发展成为主要经营和生产绿化造林苗木的优质企业。苗木基地生产的苗木,质量稳定,价格公正,得到客户的普遍信赖和支持,赢得业界的一致好评。

带领村民,共同致富

这些年来,苗木场始终坚持"诚信为本,质量第一"的经营理念,保证产品质量和价格优势,完善售后服务,并着力于新产品的研发和生产,把高质量作为公司生存的法宝。张沛军认为:"生产高品质的苗木,公司的技术不成问题,因为我们可以不断地学习和研发,再就是需要我们的细心和负责任的态度。"只有这样，才能生产出适应于不同地区、不同土壤的苗木，才能让顾客买得放心，用得放心。目前，苗木场生产的苗木已经成功打入周围许多省份，且效果良好，年收入都保持在百万元以上。苗木场还陆续和许多基层政府签订了长期合同，企业发展前景良好。

张沛军作为农民企业家，一直都心系村民。苗木场采用"公司＋农户"的经营模式，让农民也加入到苗木培育中来。他要求农户按照公司的种植方式培育苗木，公司提供肥料和技术，并帮助他们销售。张沛军还专门举办培训班，帮助村民掌握培育优质苗木的技术。

诚信是人的立命之本，诚信是企业的长久之策。创办公司、做事情都要讲诚信，否则将寸步难行，自毁前程，难以久存。张培军说，"对待客户，我始终坚守诚信，而对待我的员工、我的乡亲也不例外。我要让乡亲们看到我的真情实意，真正相信我，和我一起走共同富裕的道路。"

当时，不少村民因担心苗木的销路问题而踌躇不前，为让乡亲们放心，他承诺，只要大家把苗木种植好，自己包销售。在他的努力下，越来越多的村民加入到苗木种植中来，与沛军苗木场签订联营协议的农户达百余户，苗木种植面积上千亩，成片的荒山荒田被大量罗汉松、竹柏、桂花、红叶石楠等苗木覆盖，那些被抛荒的耕地如今都被村民种上了"摇钱树"，村民户均年增收近万元。

张沛军的敢想、敢做、敢担当得到了大家的肯定，2010年初，村民推荐他到村委会工作。作为村干部的张沛军更忙碌了，处处都能看到他的身影。抓苗木生产，抓生态环保，抓扶贫帮困，哪家有困难，他总会在第一时间伸出援助之手。一年三百六十五天，张沛军不是在村部就是在苗木基地。他的付出，群众看在眼里，记在心里，2013年，大家选举他担任村委会主任。

展望未来，持续发展

在谈及到行业发展前景和企业未来的发展规划时，张沛军认为，随着城市化的快速发展,生态文明建设的推进,可持续发展战略的实施,社会对绿化苗木的需求会越来越大。所以这个行业的发展前景还是很好的。公司需要做的是:稳定客户,创新品种,扩大生产和销售规模。

首先,稳定客户。继续保持优质苗木的输出,坚持诚信经营,不搞虚假,不搞欺骗。其次,创新品种。坚持学习苗木栽培技术,聘请专业人员,针对各地的土壤状况,加强新品种的研发,最后,扩大生产和销售规模,让更多农民加盟,兴建更大的苗木场,让苗木能以充足的产量销往全国各地。总之,公司将以苗木基地为依托,以产业链为支撑,以品牌经营为主轴,扩大生产规模,力争将苗木的销售推向全国。

在这个"大众创业,万众创新"的社会背景下,越来越多的年轻人会走上创业这条道路,给市场带来许多新兴力量,各种有竞争力的产品会进入市场。张沛军说这是一种好现象,是市场经济竞争的结果。但是,不管从事哪方面的工作,创业者都应该以质量为标准,以诚信为依据,不能简单地将经济效益作为企业发展的目的,而是要始终坚持诚信经营,以品质赢得顾客,把百姓的需求放在第一位,生产社会真正需要的是健康的、适合的、绿色的产品。只有这样,才能真正推动我国市场经济持续健康的发展。

张沛军作为农民企业家,敢于面对挑战,立志做新时代的创业先锋,他创办的奉新县沛军苗木场取得了令人瞩目的成绩,但他本人依然保持着作为军人的内敛谦虚的务实本色,在林业发展的天地里锐意进取,永无止境。相信未来的他会越来越好,奉新县沛军苗木场会越来越好。

（张　颖）

科技时代，创新并重

——访绍兴原色数码科技有限公司总经理张为海

花团锦簇，姹紫嫣红。花纹沿着脉络衍生出更为复杂的式样，式样的繁多呈现美的享受。唯美的花纹图样或出现在布料上，墙壁上，器具上……它们的形成起初依赖于喷墨，随着科技的不断发展，更加依赖于便捷、快速的数码印花。

绍兴原色数码科技有限公司总经理张为海，用数码印花技术创下一片天地，向人们展示着他对于数码印花技术的热爱和坚持。

"被动"的创业史

创业，在近代已经成为一种潮流，一种风尚，它点燃着人们内心的炽热火焰，为其疯狂，为其"衣带渐宽终不悔，为伊消得人憔悴"。因为创业不仅能够实现经济的丰裕，还能获得成功的喜悦，实现人生的价值。

张为海便是创业洪流中的一员。

出生于1974年的张为海并不是因为一时头脑发热，跟随大流创的业，他成立的公司是绍兴原色数码技术科技有限公司，专门做他在1993年就开始从事的数码印花工作。他并不是正统数码印花专业出身，然而，他进入这个行业倒也不是贸然的决定。他从小喜欢画画，而且参加工作之后又有一个非常好的去韩国学习设计分色的机会。好学、乐学、善学，让他在两年的进修时间学到了扎实的专业知识和一定的研发管理工作经验，这为他后来的创业路奠定了坚实的基础。

学成回国，2006年，在朋友的邀请下，张为海来到了柯桥继续从事这方面的工作。张为海学识渊博，见识广博，对于创业，他深知其难。刚开始的创业并不是自己所想，只是所在的公司发展步履维艰，逐渐衰退，公司那么多员工的生活全靠公司的工资，需要急待解决，他想到了要为大家谋生。

张为海回忆当时的情景，情不自禁地说："当时我就在想，与其让这么一大帮人都散了，还不如我做一个领头人重新把大家组织起来。"

张为海本是山东人，一个外地人在绍兴创办公司，困难可想而知。

资金问题是重中之重。2009年成立绍兴原色数码科技有限公司之初，为使公司正常运转，张为海想尽一切办法筹措资金。而许多朋友瞬间失去联系，联系上的也以这样或那样的理由予以婉拒。无奈之下，他决定回老家抵押房子向银行借款。上天总是会捉弄人，由于他的工资在外地，银行的抵押贷款是无效的。

一连串的打击让张为海一时心灰意冷，但是，他迈出去的腿是不会收回来的，这是男人骨子里的倔强。经历过千难万难之后，他终于解决了资金的问题。

张为海说："我是把自尊摔到地上，踩踏进泥土里的。"

资金是公司的基础，资金到位后，公司发展有了眉目。有着专业的技术，专业的团队，张为海的公司不需要做营销方案，基本上是客户来找他。就是现在，公司目前的营销渠道也只有QQ、微信。

由于平时的业务量太大，刚起步没多久的张为海决定放缓发展速度。他是这样认为的，业务量大，必然会影响质量，质量跟不上必然影响品牌。就是这样一个严谨的公司，在公司成立的第二年便获得了"绍兴县首届纺织面料与花样原创设计大赛"花样组金奖，从此，在绍兴赢得了信誉，站稳了脚跟。

他一直秉持的是"以人为本，科技创新"的发展原则。基于此，公司有幸获得多位国家领导人和各界政府领导的关怀和指导。2011年10月3日，原国务院总理温家宝在省领导的陪同下亲临公司，视察了设计部和分色部；2012年3月31日，时任国家副总理王岐山在省领导的陪同下调研了公司的知识产权保护情况。

这些年来,公司屡次斩获大奖,成为行业中的翘楚。用张为海的话说,他一直是在贴着地面造梦。

数码印花的春天

进入数码印花行业几十载,张为海认为挑战与机遇一直像个孪生兄弟一样相互存在。对年初柯桥印染业掀起的一场"亮剑"整治行动,他亦是这样认为。

"亮剑"行动,会让很多新兴的印染业马上转战数码印花,这是必然趋势。任何转换都需要适应的过程,在这个过程中,必须要有对数码印花设备及工艺熟练操作的人员,反之,这是一种盲目的开拓发展,对企业不仅无益,反添其害。

如今已有 50 余人的绍兴原色数码科技有限公司,对人才的培养和管理有自己的独到之处。张为海用很形象的方式说:"我们每个人都有三个家。小家,也就是家庭,这个员工要维护好;中家,也就是公司,同事之间要团结配合;大家,也就是国家,小家和中家建设好了,那么大家自然会兴旺起来。"总之一句话,家和万事兴。

张为海把公司比作家,对员工更是如家人一般的对待。他的人性化管理,让员工们都倍感温暖。对于想要提高学历的员工,只要拿到证书,即可提高 200 元工资;对于怀孕的员工,他更是想得周到,孕妇可以有迟到、早退的权力;需要照顾孩子的员工,可以申请在家里工作,但是必须每天上满 8 个小时的班。

之前有个员工,因为腿摔断了,上班极为不便,张为海允许他在家办公,每3 个月来公司一趟。至今,已经有两年的时间了。

张为海是个仁慈、博爱的人,他乐善好施的高尚品格影响了很多人,还包括同行。他的有些客户都是同行介绍的,由于专业的技术更胜一筹,提供的是中高端技术,公司项目的定价要高于同行的 2 至 3 倍,既减少了竞争,也能证明自己的实力,让客户信服。同时在同行那里解决不了的问题拿到这里解决,还能共同挣钱。

一举两得，何乐而不为？

对于优势的比拼，张为海说，"普通稿件我们比同行做得更细致一些。对于高难度技术的处理，是同行找到我们的直接理由。"俗话说"术业有专攻"，张为海的数码印花专业性可堪称是国际之最也不为过。

在这个处处充满挑战的社会里，数码印花作为一种技术的存在，更新换代如日月更替一样，不知不觉中快速地转换。因此，世界在进步，公司也应该紧跟时代，不落俗套。那么，技术的进步只能是创新，张为海透露，"如今还是应该发展技术，研究软件。"

国家现在一直在提倡"互联网+"，而原色公司的实体模式在 2009 年就已经存在了。因此，张为海决定在明年 3 月份推出一个"+互联网"的新发展模式。届时原色数码会推出独立的图案网站，为客户提供数码印花加工或传统印花的整体方案。其中包括分色、图案设计、设备配套及工艺上的众多问题，客户只需轻点鼠标，就可以享受服务到家的待遇。

这是数码印花的机遇，对此，张为海胸有成竹。

创新是科技永远的主旋律。到现在为止，公司共获得软著 5 个、实用新型专利 37 个、外观专利 248 个、省级项目一个、国家创新基金平台项目一个。在创新的道路上，张为海越走越远，每一步稳扎稳打。皇天不负有心人，公司自主研发的"仿数码印花设计研发"被列为 2013 年度浙江省工业设计项目，并于 2014 年12 月通过了验收。无独有偶，同年公司的"低成本快捷数码印花中小企业公共服务平台"项目被列入 2014 年度国家科技服务项目。

蒸蒸日上的事业并没有让张为海就此满足，看似他的公司处处充满了机遇，但是，张为海知道，机遇的大门之所以打开，是因为经历过无数的挑战之后的结果。

千言万语汇成一句话：不经历风雨，怎么见彩虹？

助力柯桥产业发展

迄今为止,公司已经在绍兴经历了 8 个年头,作为外地人的张为海也已经把这里当作家一样。

满墙的荣誉,获得的无数奖项,一直提醒着张为海,他是一个数码印花行业的人。而他能够走到今天,多多少少也离不开当年在柯桥公司工作的经验。柯桥是纺织印染发展的聚集地,他认为这应该作为亮点和优势一直被保持下去。现在大力提倡转型升级,他觉得,从企业的角度出发,自己是时候为柯桥发展出力了。

张为海把这件事情落实到了培训上。公司除了正常的业务发展之外,开展了设计分色和数码印花培训。利用实地培训,让受培训者在数码车间进行实地操作,熟悉工艺。

他发现,现在国内数码印花设备工厂用来做培训的配套车间和工艺基本都是不完善的,很多刚从事这个行业的人或买设备的人甚至对工艺流程都不明了,这对数码印花行业的发展有很大的阻碍。因此,他从去年开始积极准备这个数码培训计划。

去年,张为海编写的两本书《数码印花工艺教程》和《PS 分色教程》,也是这个初衷。

数码印花是一个新兴行业,目前市场还没有这个专业。他希望把自己的经验结合设备厂、同行以及专家的经验整理成册,能给从事数码印花的新人带来一些帮助。

张为海就是这样一个怀有仁德慈悲的人,他成立公司是为了大家的温饱,他做数码印花是为了以后能有更多的人了解数码印花行业,热爱数码印花行业。

他的爱是大爱,情是大情,他把这理解为社会责任感。

他在履行社会责任感的时候,总是尽自己最大的能力去做。

2009 年,公司刚成立便推出了一个彩虹计划,与学生对接,关怀贫困学生。

当时有 10 多个贫困生,有初中生、高中生,公司帮助他们把书继续读下去。还有一个学生是偏瘫,张为海当即给予他 1000 元的补助。

张为海不在意别人会怎么看这件事。他本是穷人出身,对钱并不感冒,当公司能有更好发展的时候,尽力帮助他人。他说,大善做不了,就做一些小善。

每一步的规划张为海都心如明镜。明年将要完成一些研发,再用一些技术代替 60% 的员工,这不仅省时省力,还节省成本。同行中,培育一个人至少要两年半,以后,差不多三个小时左右就可以完成,这应该是极大的突破。未来的 3 年,张为海要做一个国内最大的数码印花专业平台,尽快把扩张的前提条件准备好,5 年内,把创业板做成国际知名平台。

这么一个经验丰富的人,他对于创业有着深厚的理解。自主创业已然成为大众热潮,但是张为海并不主张一走出校门就盲目创业,毕竟资金、人脉等各方面的压力在企业的运作中是不容小觑的。另外,他说:"初创业者选择创业项目,最好是在原来行业的基础上发展延伸,这样才能更好地进行创新。"而创新要在精通的基础上才能产生结果。

创业不易,创新更难。在这条路上,张为海走出了自己的传奇。他的每一步背后都深藏着艰辛的汗水,尽管如此,他仍然要不屈不挠地走下去。

（张　颖）

兔 + 熊 = 崭新的未来

——访深圳市睿德健康管理有限公司创始人郑文斌

"最穷苦的人也不会为了金钱而放弃健康，但是最富有的人为了健康甘愿放弃所有的金钱。"随着健康观念的深入人心，中国迎来了健身时代。而有这么一个人，在健身领域做得风生水起之时，却急流勇退，把目光转向另一处贫瘠未开发的产业——e儿童健身。

他就是郑文斌。

有人创业是紧跟时代的潮流，追逐新思潮；而有人创业却是主动引领时代的风向标，让潮流追逐他。郑文斌，一个外表平凡、热爱家庭的男人，却屡次成为后者。他始终紧握时代的方向盘，以诚信为基石，以创新作标杆，以前瞻性的商业眼光和踏实肯干的务实精神，创造了一个又一个健身行业的奇迹。如今的他，去旧存新，又给自己定义了新的使命：让更多的中国儿童爱上运动，并率先创立了中国的第一个大品牌——"兔 + 熊儿童运动"。

坚持热爱 厚积薄发

繁华的深圳总是率先感知潮流的方向。在互联网科技盛行的今天，健身的观念同样深入人心。自小喜爱运动的郑文斌，大学毕业后到一家酒店打工，积累社会经验，随后，又辗转到一家健身连锁俱乐部，从业 21 年。21 年中，郑文斌在健身行业混得风生水起。因为热爱健身,他在此领域可谓如鱼得水,带领着这家连锁俱乐部集团连续 21 年持续增长盈利,并协助企业成为中国健身美容行业第一家上市公司。郑文斌可谓是健身行业的老人了,他提出的种种理念和经营模式都引得业内人士争相效仿,然而,郑文斌并未在此止步。雄鹰,总向往着更高更蓝的那片天空。

创业来源于一次偶然。郑文斌在谈到和女儿玩耍时,总是温和的。这个事业上的成功者,对于家庭也毫不忽视。郑文斌时常与孩子玩耍,却对捉迷藏、躲猫猫等幼稚的游戏感到无聊。"无聊就是想要改变的契机",郑文斌并未选择忍受这份无聊,而是将目光投向儿童运动。他认为,传统健身 + 儿童运动馆店就是一个非常好的商业模式创新。运动健身可以促进亲子之间的交流,也可以锻炼孩子的体能,让小孩更健康地成长。这是一个极具潜力的市场,而当今社会却缺乏这样一个品牌。本着"科技让家庭更温暖,促进亲子感情交流"的初衷,郑文斌产生了做儿童健身的念头。

说干就干。郑文斌开始了他漫长的前期准备工作。辗转于多个城市中,深入考察我国健身行业的状态,郑文斌不辞辛苦,亲力亲为,将他的计划有条不紊地进行着。此外,他还到国外进行了一系列考察,从国外其他企业的健身创业中,他不断总结,吸取教训,经过不断地积累和反省,终于厚积薄发,突出重围,成立了深圳市睿德健康管理有限公司。

长期的准备工作使郑文斌积累了宝贵的经验,以至于在后来一年的发展中,郑文斌始终很稳,并取得了良好的成效。郑文斌认为,行动力固然是一个成功创业者的必备条件,而踏实和慎重更是创业成功的一个重要因素。因此,郑文斌不建议大学生一毕业就开始创业。他坦言,大学生缺乏社会经验,各方面能力都不成熟,如果贸然出来创业,失败的机率相当大。正是郑文斌这一成熟稳重而又兼具创新的性格,帮助他克服了一个又一个困难,成为当今儿童健身的领跑者。

心有猛虎 兔熊合一

致力于儿童健身的郑文斌,很快便定位了 3 ~ 8 岁的儿童群体,推出了一个全新的商业品牌——兔 + 熊"儿童运动项目。

对于"兔 + 熊"这个饶有趣味的名字,郑文斌做出了精妙的解释。他讲道,兔子代表孩子,而熊代表父母和健身老师。也可以说,兔子代表聪明、机警和胆小,而熊代表健壮、勇敢和笨拙。兔加熊,取长补短,寓意为希望孩子健康、聪明而勇敢地成长。"兔 + 熊"儿童运动课程主要包括趣味体能、旋风篮球、橄榄球、英雄拳等六大类课程,促进孩子的智力发育、提升运动能力,从小培养孩子的竞争与团队合作精神,促进父母与孩子的情感交流,帮助孩子建立自信、乐观的生活态度,养成伴随一生的运动好习惯。

"兔 + 熊"儿童运动品牌引进了国外先进的教育技术,全面更新其健身课程和健身场地,为孩子专门打造运动场所。它不仅提供了父母和孩子交流的方式,更是以"有趣、安全、专业"为核心理念,推出了"智能机器人 +APP 视频课程 + 儿童运动馆"的整体儿童运动解决方案。卡通的品牌设计、孩子化的语言、机器人助教,新鲜有趣成为品牌最大的特色。郑文斌指出,"都说科技让家庭更冷清,而我要做的,就是让科技使家庭更温暖,让运动把世界动起来!"

郑文斌的创业也非一路顺风顺水,人才的稀缺是郑文斌公司面临的最大难题之一。郑文斌组建了一个专门的研究团队,致力于打造出最舒适、最恰当的儿童健身品牌。如今,团队正慢慢壮大,需要的人才也越来越多,求贤若渴正是郑文斌此时的状态。

此外,"观念的革新"也是郑文斌面临的一个巨大的挑战。目前国内父母都非常重视孩子的素质教育,让孩子参加大量的英语、美术、主持人、口才等培训班,但没有意识让孩子参加运动,这是我们最大的挑战。其实很多父母都不知道,孩子的运动教育是一切素质教育的源泉,根据国外的统计,有好的运动体能,孩子再去学习其他知识,将会是事半功倍。我们国家如果不注重孩子的运动教育,健康中国梦根本无法实现。有健康,才有未来。为了应对这一挑战,郑文斌积极采用营销战略,将儿童健身推向新潮。而郑文斌,就是这一潮流的引跑者。

此外,他还开发了"兔 + 熊"线上 APP,主要针对 2～6 岁儿童与父母在家里做亲子运动的需求。它的视频教程每集只有 10 分钟,多彩的真人视频教程和动画教程,不仅激发了孩子对健身的兴趣,也方便职场父母利用闲暇时间,在家里随时随地与孩子一起完成亲子运动课程。它同时也有大量的儿童运动教育知识,起到市场教育的作用,对线下儿童运动馆也有辅助引流作用。

不忘初心 引航前进

我国健身行业虽已逐渐趋于成熟,但儿童运动市场目前还处于空缺状态。随着国家对大健康产业的不断投入,不断释放利好政策,也将会有越来越多的健身企业或投资商看到这个朝阳市场,因为儿童健康是"健康中国梦"最关键的一环。可以预计未来 5 年中国的儿童运动馆将如雨后春笋般遍地开花,成为整个健身行业新的利益增长点。郑文斌正是以他独到的眼光,瞄准了儿童健身行业的广阔前景,才能先发制人,引领行业潮流。

郑文斌将他的健身时代称作 3.0 时代。所谓健身 3.0,来源于中国的健身运动发展史。他指出,从 20 世纪 80 年代末开始引入中国,直到 90 年代初,中国人还普遍没有健身意识,愿意去健身的基本都是城市里的高端人群或者本身喜爱运动的人。这个时期我们叫它"健身 1.0 时代"。

从 2000 年开始,大大小小的健身会所开始多起来,一些健身会所提供部分延伸类消费服务,健身行业进入了上升期。我们管这个时代叫"健身 2.0 时代"。而如今他做的传统健身 + 儿童运动馆店中店就是一个非常好的商业模式创新。"从 2017 年开始,中国健身业将开始进入'健身 3.0 时代'——传统健身 + 儿童运动。"郑文斌信心满满——今年就是健身行业 3.0 时代的元年。

创业离不开朋友的支持,郑文斌一直非常感激。目前,公司已与 30 多个城市的门店有合作,而郑文斌规划蓝图也异常清晰,他直言,5 年内争取加盟 1000 家连锁店。如今,步入中年的郑文斌希望能在有生之年,看到中国儿童健身行业的崛起。他希望可以让更多的孩子爱上运动,这是他的初心,也是他的使命。

(张 颖)

构建循环养殖新体系
铸就绿色生活新模式

——访贵州省遵义市道真自治县利达循环生态良种肉牛养殖有限公司总经理周孝军

　　"循环"一词对我们的生活有着重要的指导意义,我们年复一年日复一日地循环着吃饭、睡觉这些简单的小事,自然界中的"水循环"每天都在进行,"循环经济"则在资源投入、企业生产、产品消费中具有重要的理论贡献价值。"循环"理念正以它自身所彰显的绿色、生态、环保、健康这些积极的意义而被更加广泛地应用于生产生活中去。

　　周孝军就是秉持着"循环"的养殖理念,打造了"循环生态良种肉"的健康产品,形成了一条绿色生态的产业链。公司引进了国外的牛品种——西门塔尔肉牛和夏洛莱肉牛,不仅生长速度快,肉的营养价值也十分高,在饲养过程中杜绝添加任何不符合标准的饲料,对牛肉进行定期抽样检查,这些复杂烦琐的举措在周孝军看来是必不可少的,正是他精益求精的态度铸就了优良的牛肉。

　　同时,他指出了自己从事养殖事业是符合农村大环境的明智之举,如果去县城租用场地或门面,成本是极高的,对于起步时期的他而言,庞大的资金筹措是困难且不切实际的。也是在这种艰苦的先天条件下,他趋利避害地选择了在家乡寻找创业机会。养殖业作为他的兴趣爱好自然而然地浮出了水面,他一边投身于养殖的实践中,亲自养牛,摸索前行,一边攻读专业的养牛知识,潜心揣摩领悟,在这样的艰辛历程中,他一步一个脚印,在压力、挫折和困难面前携着小小的幸福感、成就感毅然前行!

他的养殖场不仅有圈舍、操作间、仓库这些常规的配置,还有 300 平方米的有机化肥储存池、60 立方米的化粪池、60 立方米的过滤池、一口消毒池、一间消毒房等,这些绿色生态的特殊设置皆来源于周孝军的良苦用心。他不仅仅追求养殖牛所带来的经济效益,也将"循环"的理念贯穿始终。他所打造的也不仅仅是几头健康的优良肉牛,而是大家一直都在提倡的一种全新的、绿色的、健康的生产生活模式。

平凡者的追梦路 退伍军人创业记

35 岁的周孝军,中等个子,两年的从军生涯磨砺了他的心性。回首往事,似在昨日,周孝军讲述他退伍后 10 余年矢志创业的历程,令人不胜唏嘘。当我们问及周孝军建立公司的初衷时,他毫不避讳地说道:"为了赚钱。"这样的初心当然与功利无关,完全是出于改变生活现状、减轻家庭负担的需要。

周孝军出生于遵义市道真自治县上坝乡双河村楠木湾组一个普通的农民家庭。一家人总要看老天的脸色过日子,一年辛苦耕耘仅够糊口。怀揣梦想的周孝军不甘心面对几亩薄田过穷日子,高考落榜后,毅然踏进军营。退伍后先后打过工、跑过车、开过餐馆、推销过保险、经营过洗车场。然而,无数次的创业尝试都以失败告终。但他仍然没有屈服于残酷的现实,反倒是军队的经历磨砺了他的意志,让他的身上闪烁着一份坚韧不拔的品质,他正是带着这股韧劲闯出了自己的一片天地。

2013 年,周孝军开始投身于养牛事业。创业之初,经济十分困难,他四处找亲戚朋友借款、向银行贷款。一个小规模养殖场在棕坪乡苍蒲溪村建好了,他首次引进了 30 多头西门达尔牛进行养殖,一边投身于养殖的实践中,种草割草、拌料喂料、防病防疫,一边攻读专业的养牛知识,潜心揣摩领悟。一年后,第一批牛顺利出栏,他第一次体会到创业带来的巨大幸福感、成就感。

初步的成功也极大地增强了周孝军的自信心,他开始扩大规模,重新选址,制有机肥。尽管身边不断涌现的养牛人都紧紧抱住眼前的收益,他也丝毫不受这些人的影响,有条不紊地规划着自己的养牛事业。当他看到棕坪乡的偏僻使得饲料供应、商品出栏不便时,针对性地提出了重新选址的重大决策,后来的成功也证明了他这一举措的明智性。也正是他看待问题那份长远的眼光,让他在众多的养牛人中成为佼佼者。

当我们问及他对于当代正在创业的年轻人有什么建议时,他是这样说的:"首先,作为年轻的创业者而言,选择一个自己喜欢的行业是至关重要的;其次,要懂得坚持,不要三分钟热情,应当保持最初的那份热爱。"寥寥几句,就将自己创业的心路历程表达了出来,这番话对于正在创业中的年轻人也是很有帮助的。周孝军正是选择了自己热爱的养牛事业,矢志不渝,从一而终,才取得了成功。我们年轻的创业者应当从他的身上汲取到对自己有意义的部分,在创业的过程中热爱并坚持着,定可有所收获!

坚持全新养殖模式 保证持续长远发展

周孝军的养牛行业,从引种、养殖、防病到防疫、拌料、销售等一系列过程,从未抛弃"绿色生态"的循环理念,始终将饲料安全、肉牛安全放在首要位置,还会定期对肉牛进行抽样检查。对于养殖过程中产生的废料进行过滤、循环利用,既节省了养殖成本,也减少了环境污染。

牛的品种也很珍贵,引自国外的西门塔尔牛和夏洛莱牛,目前只有重庆、贵阳等地拥有这些品种,这些牛不仅生长速度快,营养价值也很高。但是周孝军说,它们在市面的价格同普通牛相差无几,一年大概会卖掉 200 多头牛,销售额也达到了 100 多万元。

正是在养殖过程中每一个环节的严格把关,周孝军的牛肉被授予"无公害绿色产品"的头衔,也得到越来越多人的认可。他仍然坚定地说:"纯生态,绿色生态,这是我一直所追求的。"这份初心伴随着他过往创业生涯的全部阶段,也将继续伴随他、成就他!

目前,周孝军养殖厂的占地面积达到了 1760 平方米,牛的数量达到了 120 多头,规模仍在不断扩大中。另外,他的公司解决了当地部分闲置人口的就业问题,带动了地方经济的发展。周孝军对于未来仍然充满信心,他将继续扩大养殖规模、提升养殖数量,扭转肉牛供不应求的现状,信奉"既要金山银山,也要绿水青山"的理念,取得更加长远的发展。

也许周孝军的全新模式将随着时代的发展而做出相应的改变,不变的是生态健康的循环理念。紧紧围绕这一点出发,是每一位商人应当秉持和铭记的,这才是最长远的胜利。

"舐犊情深"现温情　强基固本谋发展

在采访周孝军的过程中,我们和他一同回忆了数年来艰辛的创业史,也看到了他对于动物的那份深沉的爱与温情。他回忆了第一次去市场买牛的经历:当时,他看到一头小牛被其他牛欺负时,他立刻开着面包车带它去县城看医生,对待小牛更是像对待自己孩子一样,无微不至地照顾。可在短暂的治疗过后,无奈伤势过重,小牛仍然死去了。他十分悲痛,过了很长时间才恢复过来。舐犊情深是对母亲和孩子情感的生动诠释,而周孝军在他的牛面前,就像一位温柔的母亲,给予了深切的爱与温暖。

也是这份骨子里对于牛的特殊情结,让他在养牛的过程中倾注了他人所没有的心血,当我们问到他对于目前公司的发展有什么不满意的地方时,他直爽地说暂时是没有的,因为自己已然全身心投入了,已然问心无愧了。正是他的真心付出、细心钻研和从一而终铸就了他现有的成就。

周孝军还会继续着自己的事业,未来还会考虑线上销售,通过电商拓宽销售渠道,也会在力所能及的情况下,帮助身边生活困难的人,我们对他的未来充满着期待。

生命不息,奋斗不止,我们每个人都应当从这些鲜活的事例中有所收获,任何人的成功都离不开"坚持"二字。我们每天都在循环重复着很多的事情,生命有时惊涛骇浪,有时平淡无奇,但这或许就是生命的意义吧。最重要的是,我们要明白自己想要的是什么,发展自己的兴趣,遵循自己的初心,怀抱信念,承担社会责任,在实现自我价值的同时,也为社会健康发展贡献自己的力量!

(张 颖)

在理想路上　获累累硕果

——访钦州首信农业科技开发有限公司董事长周志华

　　自古民以食为天，农业对整个社会发展的重要性不言而喻。随着社会的快速发展，人民生活水平的不断提高，食品的安全和营养问题越来越受到大众的关注，特别是受众极广的水果蔬菜类食品，更是人们关注的焦点。

　　众所周知，水果的种植必然少不了肥料的使用。但是，想要找到一种既营养丰富，又安全无害的肥料不是一件容易的事，想要研发出一种让果农广泛接受，不但满足水果的生长需要，而且要让消费者对水果的风味和品质都感到满意的肥料更是难上加难。然而，这一无比艰难的事却有人做到了，他不仅做到了，还做得非常成功，做出了大名堂。他就是钦州首信农业科技开发有限公司董事长周志华。他心怀农业生产，立志以科技兴农，潜心研发优质肥料，决心种出高品质水果；他二十几年如一日，兢兢业业，坚持不懈，埋头苦干地坚守一方农地，只为实现助民兴农的理想；他亲自研发的"两圆"牌有机无机复混肥，既营养丰富，又安全环保，成为水果种植业的福音，实现了他科技兴农，栽培优质水果的理想。他就是钦州首信农业科技开发有限公司董事长周志华。

心怀理想，一路前行

　　周志华出身于军人家庭。受家庭环境的熏陶，他为人豪迈率真，做事认真耿直，身上充满了一股闯劲和奉献精神。由于生在农村，从小就接触农活，使他对农业拥有一种天然的亲近感。因为亲眼目睹农民生活的艰辛,他经常会问自己,为什么农民如此辛劳,却依旧不能过上富裕的生活?久而久之,要帮助农民摆脱贫困、走向富裕的念头就在他心里生根发芽,直到他考上大学,面临未来人生道路的选择,他依旧没有改变这最初的信念。

大学填报志愿,周志华是班里唯一一个第一志愿填了水果栽培专业的学生。当时是 20 世纪 80 年代,农村考上大学的孩子大都为了跳出农门,而他却截然相反,他是为了更好地走进农门。因为对农民的感情,亲眼目睹中国农业的落后和农民生活的艰苦,他心中一直怀着一个信念,那就是用自己的专业知识来振兴农业。不过,到底要怎么做呢?周志华从他的老师身上得到了启发。在一次课堂上,周志华的老师在讲到当时中国水果种植业发展水平时,对全班同学说道:"目前,我们国家种植的水果销售到外国,很多都是给路边的猴子等动物吃的"。老师的这句话,让周志华倍感痛心之余,暗暗下定决心,立志要把中国的水果摆高一米——从地摊到高摊。通过技术手段,把中国的水果卖到国外的高端市场。

毕业之后,周志华就正式走上了科技兴农、为农产品提质增收的道路。他先是到了钦州市水果办(现钦南区水果局)工作。在这里,周志华主要负责指导果农种养技术,帮助农民提效增收、提高农民收入的工作。在这期间,他积极调研,参与到农民的生产中。在给予农民技术指导的同时,他还不断钻研如何找到一条适合广大农民的发展道路。

经过长时间的实践和研究,周志华发现,农民的收入不理想归根结底是因为没有形成品牌,农产品缺乏知名度。市场上,很多农产品都是没有厂家、没有生产基地、没有品牌的"三无"产品。没有品牌就意味着质量没有保障,这就是我们的农业落后的原因。那么该如何解决这个问题,打造特色水果品牌,提高水果知名度呢?周志华从根源上着手,首先要解决的就是因农民所用的肥料五花八门导致水果营养、风味各异的问题。他深感市场上没有一种理想的肥料,既能保证水果成长所需的营养，又能保证水果的安全和风味。因此，学过相关专业课程的他暗下决心，要自己研发出一种全新的肥料，达到提高水果产量和质量，打造特色水果品牌，进一步提高果农收入的目的。从此，为了实现心中的梦想，他一直默默地奋斗着，争取早日做出一番成绩。

砥砺奋进，创新品牌

然而，万事开头难。创业伊始，周志华便遇到了不少困难。首当其冲的便是资金问题。不论是搞科研还是创新，强大的资金支持是必不可少的。为了节省资金，周志华可谓是绞尽了脑汁，用尽了办法。研究要用的仪器，一台便要几万元、甚至几十万元，他便自己设计，一台成本只要一万多，节省下大笔资金。曾经最困难的时候，周志华曾落到去物流公司做搬运。凭借自己的努力和能力，他很快就升为片区经理，一年后还开了自己的物流公司。不过，他十分清楚这不是自己的理想。于是，在渐入佳境之时，他果断离开了这一行业，重新回归到他热爱的水果行业。

周志华最关注的便是"品牌"，除了带领乡亲种植水果，周志华还带领群众做起水果批发、销售生意。他在 2009 年一手打造出了钦州知名的水果品牌——"海牛奶"品牌。

功夫不负有心人，经过不懈的研究和长期以来对水果种植经验的积累，2014 年，周志华在农用肥料的研究上有了巨大的突破，他成功研发出"两圆"牌有机无机复混肥。这种新型的肥料是用花生麸、生物羊粪肥、黄腐酸钾、EN 菌，添加氮、磷、钾、钙等养分有机合成，并且花生麸是用高质量的花生制作而成，羊粪来自无污染的内蒙古青草原，无任何重金属有害成分。当前肥料广泛应用于水果、水稻、玉米等农作物领域。通过益生菌杀灭有害菌，均衡供应大量无机养分和大量优质有机营养成分，通过改良土壤团粒结构，促进土质肥沃，提升土壤保肥保水性,使所栽种的水果具有抗虫灾,促生根,作物成熟早,品质优,外观美,裂果落果少,产量高等优势。

事实上,这是一项让整个钦州种植业受益的科研成果。钦州市钦南区尖山莲雾场施用了"两圆"牌有机无机复混肥后,基地种植的莲雾果实硕大、优质高产,取得了显著成效。钦州市大番坡镇青龙村委何家玉米场分别施用了"两圆"牌有机无机复混肥和鸡粪肥,施用前者的玉米生长壮旺均匀,而施用鸡粪肥的玉米生长强弱大小不匀。2017年,周志华曾给一个果农送了一批肥料,六月份下了一个月的大雨,结果果农施了"两圆"牌肥料的果树依旧生机勃勃,而没有施肥的果树都死于长期的雨水。经过长期的实践检验和使用效果对比,"两圆"牌有机无机复混肥得到了农户们的认可和推崇。

如今周志华研发的"两圆"牌生物有机无机复混肥已向国家知识产权局申请专利,并已成功受理。许多投资公司也看上了"两圆"牌肥料的巨大潜力和可观的前景,如今都在找周志华洽谈合作融资的事宜,这在很大程度上缓解了周志华资金紧张的状况,使他能把这个品牌做得更好。

拓展销路,展望未来

习近平主席说过,农业要搞好品牌化建设,实现农业标准化生产。周志华对此积极响应,他一直在大力进行品牌推广,利用一切机会,寻找所有可能的契机来扩大市场。

现在,周志华还兼任广西名优农产品企业联合会副会长。他的目标是实现农业标准化、农产品品牌化。在他的努力下,目前"两圆"牌肥料已经成为广西名优农产品企业联合会的指定肥料,生产出来的优质农产品统一包装销售,打造出自己的品牌和名气。周志华的计划是在上海、北京等大城市找经销商销售品牌水果,并且充分利用互联网,建立线上销售渠道,售卖安全可靠的产品,对消费者负责。在这种情况下,价格可能会比同类产品高,但是它的价格绝对对得起品质。这就是品牌的价值。

而在肥料的销售上,也与水果的销售方式有异曲同工之妙。周志华打算在每一个县、每一个镇建立销售渠道,将他的有机肥料卖给果农、菜农,在为他们提供肥料之余,另外提供技术指导,提供销售渠道,直接收购符合标准的农产品,尽量提高农产品的产量和农民的收入。

一个成功的公司,除了产品和销量之外,还要有资金和人才。在公司建立起来之后,周志华便着眼于资金的筹集和人才的培养。一方面,他计划把股份转让出去吸引投资,把肥料的生产、销售和水果的生产、销售模块全面搭建起来,致力于为消费者提供更超值的服务;另一方面,他高新聘请专业人才,把各方面的人才配置完整。

谈起对未来的展望,周志华充满了信心。他打算用1年的时间来奠定基础,把整个公司以股权转让的方式来吸引投资,不断发展品牌,扩大生产,做好水果种植、收购、包装、销售等一条龙服务,争取让公司在5年后顺利上市。

如今,首信农业科技开发有限公司的发展势头正好,相信在周志华的带领下,一定能够越来越成功。他以科技兴农,通过研发高效农资产品,促进当地优质农产品生产,打响农业产品品牌,他的增加农民收入的理想一定能够实现。

(张 颖)